OBJECTIF RETRAITE ANTICIPÉE

OBJECTIF RETRAITE ANTICIPÉE

Archive avant publication à la Bibliothèque nationale de France.
Dépôt légal : troisième trimestre 2020
IBSN : 978-2-9573607-0-3
1er publication troisième trimestre 2020.
Conception graphique de la couverture : Simon Potiez / Atelier O'pixel.

Cette publication est conçue pour fournir de l'information fiable et pertinente à propos du sujet traité. Toutefois, elle est vendue, étant entendu que, l'auteur n'est pas engagé à prodiguer des conseils légaux, financiers, ou autres avis professionnels. L'auteur décline spécifiquement toute responsabilité occasionnée par l'utilisation ou application du contenu de ce livre.

GAÉTAN LALOUETTE

OBJECTIF RETRAITE ANTICIPÉE

Atteindre la liberté financière grâce à l'immobilier

Note de l'auteur

À travers ce livre, je vous invite à vous questionner sur votre vie. Êtes-vous satisfaits de votre quotidien ? De votre travail ? De vos revenus ?
Le fait que vous soyez en train de lire ces quelques lignes est un signe avant-coureur d'un besoin de changement ! Marre de vous lever tous les matins ? Fatigués de perdre votre temps dans un travail contraignant ? Assez de devoir vous démener pour pouvoir vous offrir vos vacances d'été ?
Ce que je vous propose avec cette lecture, c'est de changer votre rapport à l'argent, de changer votre état d'esprit et ainsi d'atteindre la liberté financière grâce à l'immobilier.
Changer de vie n'est pas un mirage inatteignable et je vais partager avec vous dans cet ouvrage mon vécu et les méthodes que j'ai mises en place avec l'investissement immobilier pour passer d'un salaire légèrement au-dessus du SMIC à la liberté financière.
Il est temps de reprendre les rênes de votre vie, de ne plus dépendre d'un patron ni d'un régime de retraite hypothétique pour vous assurer un revenu confortable et mettre votre famille à l'abri.
Je vous appelle donc, avec cet écrit, à ne plus être spectateur de votre vie. De passer maintenant et tout de suite à l'action pour atteindre la liberté financière et ainsi de réaliser vos rêves les plus fous.

Remerciements

Je tiens à remercier ma famille et mes proches pour leur soutien, leur enthousiasme tout au long de cette belle aventure dans l'investissement immobilier. J'ai une pensée toute particulière pour la personne qui partage ma vie depuis maintenant plus de dix ans. Cette dernière m'a toujours soutenu et encouragé dans mes projets.
Je tiens également à dédier cet ouvrage à mon grand-père Claude Lalouette décédé en mars 2019. Il tient une grande place dans mon cœur. Il a su me transmettre des valeurs comme l'amour et le partage. Cet événement a entrainé un bouleversement dans ma vie, moment où j'ai fait le bilan sur le chemin que j'ai parcouru et qui m'a amené à réaliser cet ouvrage.

Table des matières

Avant-propos

J'ai fêté mes trente ans, un âge où l'on fait le point sur le chemin parcouru depuis l'enfance. Rédiger ce livre m'a permis de réfléchir sur mon passé et sur mon existence. Je me suis replongé dans mes souvenirs et dans les différentes étapes de ma vie.

L'élaboration de cet écrit m'a également permis de faire remonter beaucoup d'émotions positives et j'ai pris énormément de plaisir à écrire cet ouvrage.

Je pense que la première chose à retenir est qu'il est nécessaire de prendre plaisir à entreprendre ! L'investissement ne doit pas être réalisé à contrecœur ou dans un unique but financier.

L'objectif de ce livre est de partager ma passion de l'immobilier et de l'investissement, de vous montrer la vie sous une autre perspective. Néanmoins, il n'existe pas qu'une seule vision du bonheur et je ne suis pas dans le jugement d'autrui.

Ainsi je vais vous transmettre les moments clés de mon parcours, les prérequis pour vous lancer, et les astuces pour vous aider à atteindre la liberté financière.

« L'immobilier n'est pas un simple empilement de pierres, c'est l'édifice d'une vie. »

Introduction

Ma première phrase, mes premiers mots seront « Qu'est-ce que ça fait du bien ! »

Du bien de sortir la tête de l'eau, de voir ce qui se passe au-dessus des nuages et de profiter enfin des rayons du soleil.

Si j'ai choisi d'écrire ce livre, c'est avant tout parce que je suis dans une période sereine de ma vie, un moment de satisfaction où la notion du partage trouve toute sa signification.

Issu d'une famille de classe moyenne où l'on m'a appris la culture du travail, j'ai pris conscience du trajet à parcourir pour atteindre cette forme de « liberté ».

Le premier cheminement a été d'oublier que seul le travail au sens propre était rémunérateur. Puis le principal élément pour passer d'une piste de sentier à l'autoroute financière a été de comprendre la force du psychisme sur notre vie !

Je ne connais pas un seul entrepreneur qui ait réussi sans croire en lui, sans croire en ses projets. Il est donc temps de vous réveiller, de croire en vous. Si vous avez des blessures, des douleurs, vous avez un avantage sur les autres, celui d'avoir développé votre résilience, votre capacité à aller de l'avant coûte que coûte.

Ne laissez jamais votre entourage vous dicter votre chemin, ne laissez jamais autrui vous réduire à votre passé et ne vous cantonnez jamais à l'étiquette sociale attribuée par votre profession.

Ce n'est pas parce que vous exercez un travail moins qualifié que vous avez moins de valeur, ce n'est pas parce que vous avez essuyé des échecs que demain ne peut pas être synonyme de « victoire » !

J'ai débuté dans l'immobilier à l'âge de vingt-trois ans et j'ai vite compris que mes revenus résultants de l'immobilier allaient très rapidement dépasser les rémunérations issues de mon travail d'employé. Les seules limites à l'augmentation de mes revenus étaient celles que mon esprit se fixerait.

Mais avant cela, j'ai comme tout le monde suivi un cursus scolaire des plus classiques, avec une certaine difficulté pour obtenir mes diplômes en commençant par le brevet des collèges, puis le baccalauréat ainsi qu'un diplôme qui a nécessité trois années d'étude dans le domaine de la santé. Le cadre est posé nul besoin d'être surdoué pour être prédisposé à l'investissement !

J'ai moi aussi pensé que générer ses propres revenus était impossible et que l'immobilier n'était réservé qu'aux « riches ». Je me suis levé tous les matins avec une chape de plomb sur les épaules et une réflexion complètement annihilée par un sentiment d'impuissance. Jusqu'au jour où j'ai redressé la tête et j'ai décidé d'agir pour sortir de cette forme d'esclavage moderne qui est d'échanger son temps contre de l'argent.

De mon enfance à mes vingt-cinq ans, le fonctionnement sociétal n'a cessé de me pousser vers la recherche d'un autre mode de vie.

La jeunesse est remarquable à la fois par son débordement d'énergie, son insouciance, et par l'imaginaire qui l'habite. J'ai eu cette sensation d'être privé de mes libertés dans cette partie de ma vie.

Le cadre imposé pour le bon fonctionnement d'une société m'a frustré un peu plus chaque jour qui passait. Quand j'étais enfant, je voulais profiter de mes jeux, de ma famille au lieu de me rendre à l'école. Quand j'étais adolescent, les journées n'étaient jamais assez longues pour les sorties entre amis à vélo.

Plus tard, dans mon travail, je jugeais que mes efforts n'étaient pas récompensés à leur juste valeur. Puis, je me suis rendu compte que je n'avais pas les moyens de fonder un foyer douillé pour construire ma propre famille.

Des sentiments d'injustice, de révolte, et plus simplement de colère en sont ressortis. Je devais donc faire jaillir toute cette énergie qui était en moi et m'en servir comme un élément moteur.

J'ai donc décidé d'agir et grâce à mes investissements immobiliers, j'ai créé des revenus automatiques supérieurs à mes revenus salariaux très rapidement et une retraite en seulement quinze ans contre quarante-trois ans de cotisations nécessaires en tant que salarié. Tout en sachant que cette retraite immobilière est trois fois supérieure à celle à laquelle j'aurais pu prétendre suite à mon métier.

Vous devez également savoir que les lois changent et que l'état peut à tout moment augmenter les durées de cotisations pour partir à la retraite ou en diminuer les montants. Nous avons déjà vécu cela par le passé et les derniers événements nous le montrent encore. Je vous laisse imaginer les conséquences d'un scénario plus dramatique, celui où les caisses de retraite de l'État ne soient plus en mesure de vous assurer le versement de votre retraite le moment dû.

Vous devez donc prendre conscience de la situation actuelle, faire votre propre bilan, mettre en place des actions pour être maître de votre avenir. L'objectif de se créer une retraite en quelques années avec l'immobilier est facilement réalisable et le seul réel obstacle pour atteindre cet objectif ne sera personne d'autre que vous-même.

La moyenne de l'espérance de vie est de quatre-vingt-deux ans environ. Voulez-vous vivre avec des regrets, vous laissez limiter et dicter votre chemin par peur de l'échec, peur du regard des autres ? Pour ma part, j'ai eu la chance d'en prendre conscience dans les débuts de ma vie, et je me lève désormais tous les matins avec l'esprit plus léger.

Si vous êtes prêts à prendre votre vie en main, à changer concrètement votre quotidien et votre état d'esprit, vous pourrez d'ici peu arrêter de mettre votre réveil le matin, profiter de votre temps pour le passer avec ceux qui vous sont chers et décider de votre propre emploi du temps.

Nombreux sont ceux qui pensent que pour réussir, il est nécessaire d'acquérir des connaissances particulières, cela est en partie vrai. Mais le réel secret de la réussite réside, selon moi, dans le développement de son esprit, de sa vision. Je vais donc à travers cet ouvrage, vous transmettre les différentes leçons tirées de ma vie, les étapes importantes pour vous constituer des revenus avec l'immobilier et les obstacles à éviter.

PREMIÈRE PARTIE

DÉVELOPPER SON ÉTAT D'ESPRIT

CHAPITRE 1

Enfance : naissance d'une vision de vie

Dans la recherche des raisons pour lesquelles j'ai parcouru ce chemin vers l'autonomie financière à travers l'achat de biens immobiliers, je dois évoquer mes souvenirs d'enfance.

En effet, si ma profession m'a bien appris quelque chose c'est que tout remonte à l'enfance. C'est là où se construisent les fondations d'une vie future. Une somme d'événements, de transmissions volontaires et involontaires qui s'additionnent et font de vous l'être que vous êtes aujourd'hui.

J'ai eu 30 ans, un âge charnière de ma vie. Mon entourage n'a d'ailleurs pas manqué de me le rappeler... À cette période que je sais importante, avec un passage de décennie, je me suis comme tout le monde posé des questions sur mon parcours. J'ai voulu en quelque sorte comprendre l'origine de ma condition actuelle.

Comment j'en étais arrivé là, comment je m'étais construit, quelle était ma vie.

Ma scolarité fut compliquée dans les débuts. Pour moi cela représentait déjà une contrainte dans ma vie.

L'obligation d'effectuer des heures de présence à l'école, quitter les bras protecteurs de ses parents, un choc pour certains enfants.

J'étais un petit garçon qui passait du temps à jouer aux soldats dans son jardin entouré de ses animaux de compagnie. Je profitais de tous les petits bonheurs que m'offrait ma famille.

Être au milieu de la nature me ressourçait, j'étais libre et heureux comme l'air. Imaginez mon étonnement quand j'ai dû aller à l'école, dans quel but ? Du jour au lendemain me voilà enrôlé dans le système éducatif, premier choc dans ma vie. Si je pouvais mettre une image sur un souvenir, ce serait des vélos rouges dans une grande cour avec des bâtiments aux abords, le tout entièrement entouré de grandes barrières, qui dans mon imaginaire, devaient faire des kilomètres de hauteur.

Mon père m'accompagnait parfois jusqu'à l'école en m'apprenant de manière ludique les couleurs à l'aide des voitures stationnées le long du trajet.

Puis, une fois dans cette cour, j'avais en visuel mon père qui s'éloignait... Comme pris au piège dans ce qui ressemblait pour moi à une prison, me privant de mes êtres aimés, mais qu'avais-je fait pour mériter cela ?

Une sonnerie perçante et très désagréable résonne encore dans mes souvenirs, s'en suit un appel général par ordre alphabétique pour nous mettre dans le rang.

Finies les rêveries, les cours ludiques étaient maintenant terminés, place au bon vieux tableau noir et son flux de théories, je n'ai d'ailleurs aucun souvenir des cours effectués.

Je ne comprenais pas pourquoi j'étais obligé de suivre un cursus scolaire dans mon jeune âge et intérieurement j'étais effondré.

J'ai payé le prix de cette incompréhension tout au long de ma scolarité, étant complètement braqué et hermétique à tout apprentissage. Je refusais de lire et d'apprendre. Mon discours était surement frappant pour les adultes. Je ne voulais tout simplement plus grandir, ne plus aller dans un monde d'adultes où nous avons des comptes à rendre, des contraintes horaires.

J'avais gouté à la liberté et au bonheur. Pourquoi grandir si cela correspond à une perte de bénéfices.

Mon père m'a dit plus tard que je voulais tellement rester enfant que j'en ai ralenti ma croissance. J'ai toujours été en retard de plusieurs années sur la courbe de croissance et j'ai même consulté plusieurs spécialistes à ce sujet. Je ne sais pas si cela avait un rapport, mais il faut bien relever là un indice de plus sur mon état d'esprit d'enfant.

Sincèrement, avec le recul, j'ai bien conscience de la nécessité de l'école, mais honnêtement je n'ai appliqué dans ma vie que très peu de principes inculqués pendant mon parcours scolaire et j'ai peu de souvenirs théoriques de ce cursus.

Enfant, l'une de mes bouffées d'oxygène, était d'être auprès de mes grands-parents. La plupart du temps ce sont souvent ces derniers qui m'avaient à leurs côtés lorsque mes parents étaient au travail.

Mes grands-parents étaient toujours disponibles. Ils pouvaient faire ce qu'ils voulaient de leur emploi du temps ! Mon grand-père adorait passer des heures devant le sport à la télévision et dans les diverses préparations de sa plus grande passion la pêche. Quand je ferme les yeux, je peux encore sentir l'odeur caractéristique de l'amorce. Ma grand-mère pouvait, quant à elle, se consacrer à son passe-temps favori, la cuisine. Elle aimait, entre deux cuissons, raconter l'histoire de sa vie et de sa famille. Élevée par ses grands-parents qu'elle me décrivait comme des rentiers qui vivaient de la perception des loyers de leur terre, elle eut une enfance « dorée ». Elle avait un percepteur pour lui faire la classe, des vêtements, des coiffes d'une grande élégance pour se rendre aux différentes manifestations mondaines. J'étais plongé dans ces récits avec mes yeux d'enfant qui brillaient d'éclat en imaginant les scènes décrites.

Puis, venaient ensuite les aspects moins rutilants avec une mère peu présente qui gérait des hôtels et un père flambeur qui collectionnait les premières voitures de l'époque.

Mais où sont passés tous ces biens et cette richesse ? Je me suis posé la question plus tard ? Ma grand-mère a choisi la noblesse du cœur et l'amour en choisissant mon grand-père « ouvrier » rencontré dans un bal populaire et non le riche mari promis par sa famille. À l'époque, la conséquence ne s'est pas faite attendre, elle fut déshéritée…

Peut-être que je sentis en moi, inconsciemment, une volonté de rendre à ma famille et à ma descendance ce qui nous avait été préempté ?

Je ne pourrai répondre à cette question, mais je peux vous affirmer que pendant mon enfance mes grands-parents étaient toujours à mes petits soins. J'étais émerveillé par cette insouciance, ce bonheur qui était omniprésent dans ce foyer.

Je me suis donc posé une question lors de mon jeune âge. Quel est donc le travail de mes grands-parents ? Voyant bien l'écart de disponibilité avec mes parents, je ne pouvais passer à côté d'une telle information. Mon grand-père m'a donc répondu tout naturellement RETRAITÉ, ce mot résonné en moi comme nul autre. C'était décidé le métier que je voulais faire était celui de retraité et je l'exprimais à tout bout de champ.

À chaque fois qu'on me demandait ce que je voulais faire dans la vie, ma réponse tenait en un mot, retraité !

Hélas j'ai, été très vite confronté à la réalité de devoir intégrer le fait que « retraité » n'était pas une profession mais seulement une sorte de récompense pour « bon travail fourni » ! Je disais donc tous les étés, lors des vacances scolaires, que j'étais en retraite. Maigre lot de consolation, mais je me disais que c'était mieux que rien.

J'avais une dent contre l'école et j'ai naturellement eu des difficultés qui ne se sont pas fait attendre. Comment voulez-vous réussir dans un domaine qui ne vous plait pas. Puis l'école est devenue dans la continuité logique un sujet conflictuel avec mes parents qui se démenaient pour que j'adhère au système éducatif.

J'avais tenu l'école responsable de tous les conflits avec mes parents et j'avais en horreur tout ce qui touche de près ou de loin au cursus scolaire.

J'ai donc plusieurs fois redoublé, à commencer par le CP, puis la troisième, comme si à chaque étape marquante de l'avancée dans l'âge je voulais montrer mon désaccord. Je n'avais aucune lacune intellectuelle et mes parents qui ne relâchaient pas leurs efforts, ne comprenaient pas... À force de pugnacité, puisque mes parents n'ont jamais abandonné, j'ai quand même réussi à obtenir mes diplômes et grâce à cela j'ai trouvé ma place dans la société.

Mon père est un travailleur acharné, le genre d'homme qui ne sait pas ce qu'est une vie sans travail, toujours débordant d'énergie. Lors de mon jeune âge, j'ai vécu dans des maisons en travaux. Une journée classique pour mon père comptait un temps de travail salarial ainsi qu'un temps de travaux afin d'effectuer des rénovations dans la maison où nous vivions.

Je ne voyais pas mon père le matin et il rentrait souvent tard le soir. J'attendais en jouant dans le jardin le retour de ce dernier, à l'écoute du vrombissement de sa voiture et d'un visuel avec le rouge, orange délavé qui perçait la végétation du fond du jardin. Moment où j'avais pris pour habitude de courir le plus vite possible pour atteindre le portail avant lui.

Délais d'attente qui se faisaient toujours plus longs avec mes yeux d'enfant…

Je retrouvais le plus souvent un père fatigué de sa journée effectuée. Ce dernier voulant progresser dans l'entreprise où il exerçait, il n'a jamais cessé de s'investir au sein de cette dernière pour en gravir les échelons. Ce qui rimait également avec les déménagements réguliers en fonction des différentes affectations de mon père. Ma mère avait dû arrêter de travailler pour nous élever et assurer le quotidien tandis que mon père travaillait toujours plus… j'aurais voulu passer plus de temps avec toute ma famille réunie. Mais les semaines et week-ends étaient toujours très chargés ! Je finissais par maudire le travail dans sa globalité.

Le temps faisant son chemin, j'ai obtenu un BAC +3 au plus grand soulagement de mes parents qui m'ont dirigé dans cette voie et j'ai fait mon entrée dans la vie active dans un secteur de plein emploi : la santé.

À mes débuts, je n'avais clairement pas envie de commencer à exercer un travail et j'ai d'ailleurs repoussé mes débuts dans le monde professionnel de deux mois avec pour motif « période de retraite ». Puis, je me suis résigné au fur et à mesure des postes exercés, entrecoupés de dernières périodes de repos, à exercer ma profession à l'année.

Me voilà à mon tour pris dans ce mécanisme qui est celui de la vie active. Respecter des horaires, me lever tôt, terminer tard, faire les nuits et les week-ends. Autant dire que j'avais mis mon esprit en veille, j'aurais sinon vécu un réel cauchemar.

Mais je me suis rapidement pris au rythme et j'appréciais mon travail. J'ai perçu mes premiers vrais salaires. La première année j'ai pu mettre de l'argent de côté ayant eu une éducation d'épargnant et j'en étais satisfait. Puis, rapidement, les impôts ont frappé à ma porte ainsi qu'un flux incessant de factures, comme pour me souhaiter la bienvenue dans le monde du travail et m'indiquer en bas de feuille l'injonction « *rétractation interdite* » ou autrement dit « *nous ferons tout pour que tu restes jusqu'à tes soixante-cinq ans* ! ».

De plus, moi qui m'étais juré de ne jamais acheter de voiture ayant conscience du gouffre financier, me voilà contraint d'acheter un véhicule pour me rendre à mon travail, ce qui représentait une année de revenus. Je devais donc dépenser mon salaire difficilement épargné. À ce moment-là, j'étais révolté. Comment puis-je vivre décemment si le peu que je gagne est systématiquement volatilisé ? J'avais l'impression de mener un combat perdu d'avance, et de voir peu à peu ma liberté s'éloigner.

Autant dire qu'un certain mal-être commença à m'envahir. J'aimais le travail que j'exerçais, mais ce dernier me privait de mon temps et je n'en tirais que peu de revenus une fois mes impôts et charges déduits. Je ne voulais pas me priver toute ma vie sans pouvoir profiter du fruit de mon travail.

J'ai donc, dans un premier temps, essayé de réduire mes charges au maximum. Je descendais le chauffage à dix-sept degrés la journée et le coupais la nuit. J'allais me laver à la piscine municipale ou au travail. Je passais les prospectus de promotion au crible pour dépenser le moins possible sur mes courses alimentaires. Mais rien à y faire je ne pouvais éviter les dépenses de la vie courante. J'étais en train de réaliser que ceci allait être mon quotidien pour le reste de ma vie.

Ne me voyant pas forcer mon entourage à mettre des polaires toute une vie à chaque visite et ne leur donner que des pâtes à manger pour me permettre de mettre de l'argent de côté et changer de vie après cinquante ans d'épargne, je me suis dit qu'il fallait agir, que je trouve une solution pour sortir de ce cercle sans fin.

Il n'était clairement pas envisageable que je me résigne à faire une croix sur ma vie. Je voulais rester maître de mon destin et ne pas vivre avec des regrets. J'avais fait un pacte avec moi-même, celui de me donner corps et âme pour faire d'un idéal de vie une réalité.

Si tu commences ce livre c'est que tu as déjà eu une première prise de conscience, qui veux-tu être et avoir fait de ta vie ? Quels sont tes objectifs ?

....
....
....
....
....
....
....
....
....
....
....
....
....
....
....
....
....
....
....
....
....
....
....
....
....
....
....
....

CHAPITRE 2

Le pouvoir du psychisme

A) Regard de l'autre : croyances limitantes

Vient donc le moment de trouver un moyen pour sortir de ce rythme sans fin. Je pense avoir réfléchi longtemps avant d'avoir eu une réelle idée pour me permettre de ne plus être dépendant de mon salaire. Je n'avais lu aucun livre sur l'indépendance financière et n'avais eu aucune formation. Je n'avais donc pas conscience de la mine d'or qui est de se former et d'investir en premier sur soi.

J'avais par contre un imaginaire débordant, comme un dernier as dans mon jeu. Le seul endroit où j'étais encore réellement libre, l'endroit de tous les possibles. Un jour, j'ai eu un déclic comme une révélation divine :

l'immobilier. En effet, j'avais bien remarqué une chose, c'est que la plus grosse dépense des ménages est le loyer de leur logement. Que cette dépense a lieu tous les mois, régulièrement et ce jusqu'à la nuit des temps... Mon esprit était en ébullition !

J'ai, dans un premier temps gardé cela pour moi. Il y avait une voix intérieure qui me disait : « tu es ridicule, tu n'y arriveras jamais, cela relève de l'impossible ». Comment, moi, simple employé, pourrais-je obtenir des centaines de milliers d'euros, moi qui avais à peine quelques mois de salaires de côté.

Même aujourd'hui, une fois le chemin parcouru, je n'aurais pu croire à un tel résultat. Cela a été tellement rapide que je n'ai même pas eu le temps de regarder dans le rétroviseur, j'avais été embarqué dans le train de mes rêves.

Ces rêves ne s'arrêtaient plus, je n'arrivais pas à me sortir cette idée de la tête. Cela devenait tellement omniprésent en moi que j'avais la nécessité d'en parler, comme pour avoir une approbation de mon entourage, afin de me dire lance toi !

J'ai donc parlé à mes parents de mon envie d'investir dans la pierre. Mon père a eu une première réaction, me disant que par le passé il avait voulu acheter des logements et que cela était presque équivalent au prix d'un monospace, cependant il avait choisi le monospace. Après réflexion, je me souviens très bien de ce moment où j'avais accompagné ma famille dans une concession automobile afin d'acheter ce véhicule. C'était le véhicule star, le modèle le plus onéreux. De nos yeux d'enfants, mon frère ma sœur et moi étions éblouis. J'ai de très bons souvenirs dans ce véhicule qui était présent dans tous les déplacements de notre famille.

Mais, j'ai très rapidement constaté que la valeur du monospace était à ce jour proche de zéro. Si mon père avait fait le choix d'investir, la valeur des biens immobiliers qu'il aurait acquis aurait doublé ou triplé sans compter tous les loyers encaissés.

Puis, mon père a très rapidement enchainé sur l'idée d'acheter des plateaux d'appartements en plein Paris. Cela incluait des travaux afin de les retaper pour les revendre par la suite. Ma mère n'a pas du tout adhéré. Il aborda brièvement la plus-value qu'il aurait faite, et la somme non négligeable qu'elle représentait. Il ajouta la possibilité d'acheter une batterie de garages qu'il avait aussi repéré quelques années auparavant.

Mais, il n'a finalement jamais sauté le pas et n'a en définitive pas acheté de bien immobilier pour le locatif.

Ma mère, comme toutes les mères avait une vision plutôt centrée sur la famille. Soucieuse que ses enfants, puissent s'acheter une maison et fonder une famille.

Sa principale préoccupation était donc « si tu achètes pour louer, tu ne pourras plus acheter ta propre maison. Quelle femme voudrait d'un homme qui n'a pas un nid douillet à proposer à sa partenaire ? » Elle avait là lancé un pavé dans la mare et non des moindres.

Puis, très rapidement, des propos qui relatent les impayés de loyers ne se sont pas fait attendre, racontant diverses émissions de la télévision qui prônent le locataire roi. Celui qu'on ne peut déloger et qui bénéficie de la loi à son avantage.

La conclusion de ma famille fut : « tu vas t'endetter et tu ne pourras plus payer tes crédits ! » Et ils ajoutèrent « les banques ne te prêterons plus d'argent! »

Cette phrase revient à chacun de mes investissements où mon entourage me répète à chaque fois la même phrase. Ce qui me fait à présent immédiatement sourire, « avec tous les crédits que tu as, la banque ne voudra jamais te prêter davantage ». Maintenant, je réagis directement en expliquant que mon taux d'endettement répond aux critères d'obtention de crédit et qu'un bien loué génère des revenus.

Puis, une deuxième phrase assez convaincante de mon père ne s'est pas fait attendre à la suite de mes premiers investissements : « si tu continues, tu passeras dans la catégorie des professionnels et tu seras assassiné d'impôts ». Ensuite est venu le coup de grâce : « tu ne peux dépasser un certain plafond de revenus locatifs pour rester dans cette catégorie ». Enfin, il poursuivit « même pire, au vu de ton statut de fonctionnaire, tu ne peux être assimilé au statut de professionnel de l'immobilier et donc continuer à augmenter tes revenus issus de l'immobilier ».

J'avais même été interpellé par un échange téléphonique avec mon frère où ce dernier m'avait réitéré les propos de mon père qui disait que je ne pourrais plus progresser dans l'immobilier.

À ce moment-là, j'eu un sérieux doute. Je me disais que mon père, qui est quelqu'un d'instruit, avait sans doute raison. J'ai donc fait mes propres recherches et j'ai vite compris qu'il existait bien des moyens de poursuivre l'augmentation de mes revenus immobiliers, qu'une fois de plus il s'agissait de pensées limitantes.

J'avais fait de ces remarques des éléments moteurs. J'avais changé mon imposition et ma stratégie d'investissement. J'ai maintenant avec recul un regard critique sur les croyances de ma famille et de mon entourage concernant l'immobilier. Si je peux donner un conseil, ce serait d'entendre les remarques, mais de ne pas les prendre comme une vérité absolue.

Ces derniers penseront toujours que la sécurité provient d'un emploi salarial et je ne leur en veux pas. En effet, ils ont adhéré à un système éducatif qui les a conditionné dans ce sens.

Je ne pense pas qu'il existe une seule vision du bonheur et que bien des personnes trouvent un épanouissement dans leur profession. Mes parents et moi-même indirectement, avons profité des retombées financières issues du travail.

Mais, il faut bien avoir à l'esprit les sacrifices engendrés par cette réussite professionnelle. Tout en sachant que je pense qu'il est bien plus difficile de réussir à gravir les échelons dans une entreprise. En effet, le pouvoir décisionnel nous concernant émane souvent de supérieurs hiérarchiques qui ne sont souvent pas objectifs dans leur jugement ou, devrais-je dire, ils sont convaincus de leurs jugements, pour autant cela n'est pas forcement juste et équitable pour les personnes évaluées. Nous ne sommes donc pas vraiment décisionnaires de notre déroulement de carrière. Certes, nous pouvons être acteurs pour réussir. En revanche, nous ne disposons pas de tous les leviers pour concrétiser cette réussite. De plus, dans ce monde du travail, qui dit promotions, dit davantage de sacrifices et de temps à consacrer à l'enrichissement de votre patron.

Exercer un emploi dans une entreprise revient par conséquent, de mon point de vue, à remettre son avenir entre les mains, d'une autre personne.

Alors que bien au contraire, la sécurité financière doit émaner de soi, de sa propre éducation et non d'une tierce personne.

Comment peut-on expliquer que le système éducatif n'enseigne aucune notion concernant cette matière ? Je me souviens très bien des divers théorèmes nébuleux en mathématiques qui m'ont été enseignés. Concrètement, je ne les ai jamais utilisé dans ma vie et ils ne m'ont absolument rien apporté.

À croire que l'école veut vous enseigner des choses complètement inutiles, du moins pour acquérir la liberté financière.

Le fait de m'enseigner à mes quinze ans « comment gérer mon argent ? » « comment l'investir ? » m'aurait bien plus apporté. Cela m'aurait fait gagner beaucoup d'années sur « l'horloge financière », notez bien ce terme je reviendrai en détail sur ce dernier par la suite.

Cela changerait la vie de beaucoup de citoyens.... La triste réalité, c'est que la société a besoin de travailleurs, de personnes qui échangent leur temps contre de l'argent. Afin que ces derniers dépensent l'intégralité de leur salaire avant la fin du mois écoulé. Car, si leurs employés n'étaient pas pris à la gorge financièrement, ils cesseraient probablement de travailler.

Imaginez une société où il n'y aurait que des investisseurs, des propriétaires de biens immobiliers. C'est tout simplement impossible. Nous sommes dans une société capitaliste où le partage des valeurs n'a pas une répartition équilibrée, où le but est de tirer le meilleur avantage économique de son capital. Ce qui génère ainsi de nombreuses inégalités de revenu, de patrimoine. Il faut savoir que quarante-sept pour cent du patrimoine total en France est détenu par les dix pour cent des Français les plus fortunés.

Ce sont les règles actuelles, il n'est clairement pas avantageux pour ceux qui tirent les ficelles de vous donner les cartes du jeu. Il vous faudra donc mettre petit à petit les bonnes cartes dans votre main. Ainsi, vous pourrez vous aussi vous hisser dans le haut de la pyramide sociétale et faire travailler votre argent à votre place.

Mais sachez que lorsque vous aurez pris votre courage à deux mains afin de sauter le pas, vous serez de nouveau confrontés au regard de votre entourage.

Quand j'ai commencé à investir, je me suis donné à cent pour cent dans mes projets. J'ai ressenti que quelque chose avait changé en moi, et mon entourage ne se privait pas de me le faire remarquer.

« Tu n'as pas l'air investi dans le travail, que se passe-t-il ? Tu as l'esprit ailleurs ? Tu es moins disponible pour les loisirs, comment cela se fait ? Pourquoi ne viens-tu pas boire un verre avec nous ? »

J'avais tout simplement décidé de concentrer mon énergie dans la réussite de mes projets afin de réussir à sortir de ce métro, boulot, dodo !

Lorsqu'on vous demandera ce que vous avez fait le week-end dernier, un certain malaise se fera ressentir. Comment expliquer à vos collègues de travail ou connaissances que vous vous êtes lancés dans l'immobilier et que vos week-ends et repos sont consacrés à la réussite de ce projet.

Vous passerez soit pour un fou, soit pour un mythomane, mais concrètement ne vous attendez pas à recevoir des encouragements. J'ai été confronté à cette difficulté, « le regard des autres » ce qui m'a valu bien des brimades, je pense.

Fallait-il mentir sur mes emplois du temps ? Mon quotidien ? Je ne pense pas. Avec le temps je me suis tout simplement dit que, ça plaise ou non, j'avais fait des choix et je les assumerai.

Par la suite, on a bien remarqué que mon train de vie avait augmenté. J'avais même des personnes de mon entourage qui « tombaient » sur mes logements lors de leur recherche de biens pour se loger et des questions plus précises se faisaient de manière répétée.

Dans quoi as-tu investi ? Combien cela te génère-t-il de revenus ? As-tu des photos ? Étant passionné par le sujet, c'est avec plaisir que je répondais aux questions en essayant de transmettre mon goût pour l'investissement et ma vision de la vie.

Mais, je dois bien reconnaître que la jalousie était parfois présente. Je prenais ce sentiment avec recul et je me disais que c'était là une preuve de ma réussite..

En parallèle de ma vie d'investisseur, je pouvais observer dans mon cadre professionnel mes collègues qui se démenaient à la tâche. Ils passaient leur temps à fournir toujours plus de travail, s'inscrivant à toujours plus de « références » et de groupes de travail, supportant toujours plus de responsabilités sur leurs épaules. Je ne comprenais pas les raisons pour lesquelles ces derniers avaient à se démener pour une possible promotion qui n'apportait hélas le plus souvent rien en retour.

Moi, qui avais une vue plus critique du monde du travail, je pouvais observer la résignation générale des personnes que je côtoyais quotidiennement. Nombre d'entre eux se plaignaient de leurs conditions mais n'engageaient aucune action pour se créer de nouvelles perspectives. L'idée de mener une autre vie n'effleurait même pas leur esprit. Je trouvais ça triste de voir des personnes pleines de ressources et avec de grandes capacités ne pas avoir conscience qu'une autre vie était possible. Était-ce une vie de calculer chaque semaine ses congés et durée de cotisations nécessaires pour partir à la retraite ?

Il faut également avoir conscience du statut social procuré par la profession exercée. Une des premières questions posées lors d'une rencontre, est « que faites-vous dans la vie ? » « quelle est la profession de vos enfants ? » « de votre compagne ? »

Comme s'il en découlait la valeur de la personne que vous avez en face de vous. Ce critère vous poussera donc toujours à progresser dans vos études et votre profession car il en résulte d'une certaine manière votre propre rang hiérarchique dans la société. Mais vous apprendrez à vos dépens, qu'il n'y a que vingt-quatre heures dans une journée et qu'échanger votre temps contre de l'argent n'est pas un moyen pour vous enrichir.

Néanmoins, le statut de propriétaire de biens immobiliers n'est quant à lui pas toujours valorisant.

Pour certains, vous serez un riche qui profite de la pauvreté des autres en remboursant vos crédits grâce à leur travail.

Pour d'autres appartenant à une catégorie plus aisée, vous serez un petit magouilleur qui se limite à dégager un revenu complémentaire. Ces derniers se verront toujours avec un regard supérieur à vous, ils estimeront que leur statut professionnel est plus méritant que le vôtre.

Mais plus le temps passera, plus vous acquerrez de patrimoine et de sources de revenus. Il sera alors pour eux impossible malgré les signes extérieurs de richesse de rivaliser avec vous. Vous aurez acquis ce qui a le plus de valeur, l'éducation financière.

B) Introspection

Comme je l'ai dit dans l'introduction, le seul réel obstacle pour atteindre vos objectifs ne sera personne d'autre que vous-même.

En effet, l'être humain peut se montrer fataliste. Parfois, je me dis pourquoi faire tout cela ! Tous ces efforts ? Ne ferais-je pas mieux de profiter de l'instant présent, au lieu de me donner du mal à être indépendant financièrement ? Puis, je me ressaisis et me projette dans un avenir serein. Un avenir serein est pour moi un avenir où j'ai le choix, le choix de faire ce que je veux de mon temps et de ne pas devoir subir mon quotidien.

La première réflexion à mener sera donc de savoir si votre vie actuelle vous convient ?

Êtes-vous satisfaits de votre travail ? De votre temps alloué à vos loisirs ? Des choses que vous avez faites dans votre vie ? Si c'est le cas, il ne sert à rien de poursuivre ce livre, car vous ne passerez jamais à l'action et après tout, à quoi bon si vous êtes heureux ainsi.

Pour ma part, je me suis livré à un petit exercice qui m'avait été enseigné dans mon cursus. Je me suis situé sur une pyramide, la pyramide du bien être appelée aussi pyramide de Maslow. Cette pyramide se divise en cinq catégories et chaque catégorie nécessite l'accomplissement de la précédente pour être atteinte. La première catégorie est celle des « besoins physiologiques » : manger, boire, dormir, respirer.

La deuxième catégorie est celle de « la sécurité ». Cette partie nous intéresse particulièrement étant en rapport avec notre travail, notre situation financière, puis vient graduellement le besoin « d'appartenance », « le besoin d'estime », et enfin « le besoin de s'accomplir ».

Pyramide de Maslow :

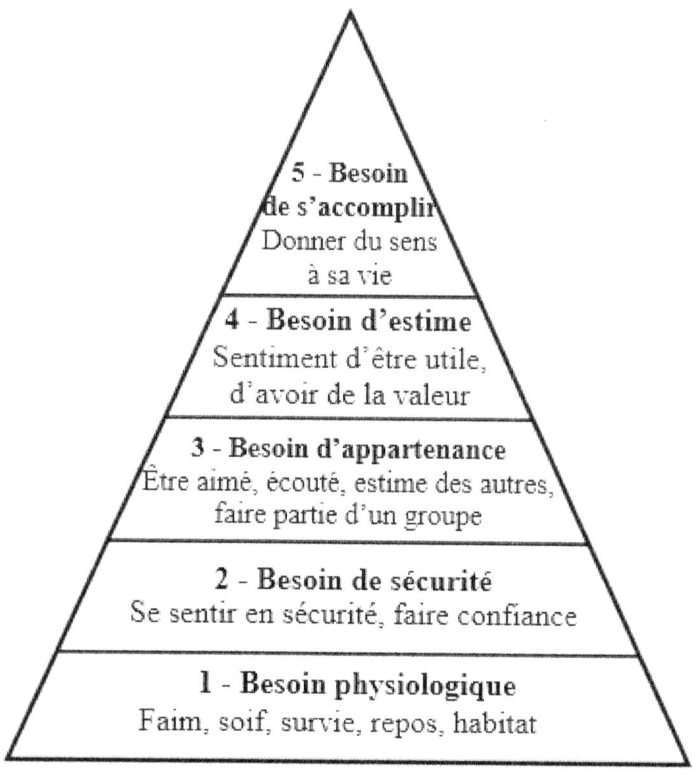

J'aurais pu croire naïvement avoir atteint l'étape trois de la pyramide, le besoin d'appartenance. Ce besoin n'est rien d'autre que le fait d'être aimé, faire partie d'un groupe, avoir un statut. En effet, je possédais un statut dans la société, j'avais une compagne, et quelques amis.

Mais quel couple peut résister à une situation financière instable ! Vivre dans la frustration ? La réponse est « très peu ». Ma conjointe qui a suivi l'ensemble de mon évolution a vécu la fermeture d'une entreprise où elle était employée. Cela a entrainé des aléas financiers, ainsi que des conséquences sur notre façon de vivre. Autant vous dire que vivre seul avec un salaire légèrement au-dessus du salaire minimum est difficile, à deux cela est impossible. Les problèmes d'argent, les difficultés financières ont d'ailleurs raison de la majeure partie des couples.

En caricaturant la situation j'avais deux options qui s'offraient à moi, changer de conjointe ou augmenter mes revenus. J'aimais ma femme et je me devais d'agir, car j'avais bien conscience qu'une vie sans argent ne serait pas une vie, mais de la survie.

Je vous propose donc de vous situer sur la pyramide de Maslow et de voir si vous êtes à l'abri de tout événement de la vie, comme un licenciement par exemple. Car, il est important d'avoir des bases solides sur cette dernière afin de pouvoir en monter les échelons, être heureux et faire en sorte que ce bonheur dure.

Vous aurez tort de croire que l'investissement immobilier se résume à de l'argent. Il vous aidera aussi à gravir les échelons du bonheur afin de vivre la vie de vos rêves et d'être heureux.

Dans la société actuelle il est parfois difficile d'avoir des ambitions et dc s'autoriser à rêver. En effet, la frontière entre rêve et folie est parfois étroite et j'ai souvent ressenti une impression de culpabilité quand je rêvais. Pourquoi rêver d'une vie si différente de mon quotidien ? Je pense que mon subconscient envoyait des messages à mon conscient. On dit souvent que le rêve est la partie immergée de l'iceberg. Il existe une étude du rêve qui se nomme l'onirisme. Dans la psychologie et la psychiatrie, les professionnels ont souvent recours à cette étude, car le rêve échappe à notre contrôle et révèle nos plus profonds désirs, craintes, traumatismes. Il vous arrivera souvent d'avoir des rêves en rapport avec des problématiques de votre vie actuelle ou passée que vous avez refoulées dans la journée. Que permet concrètement le rêve ? Le rêve est pour moi un exutoire qui offre des possibilités infinies... N'avez-vous jamais rêvé d'être milliardaire ? N'avez-vous jamais voulu vous rendormir pour continuer votre rêve ? À un moment de ma vie, je préférais dormir plutôt que d'être dans la vie réelle, car ma vie était plus belle en rêve, que cette réalité remplie de banalités et de contraintes.

Je pense qu'il faut être à l'écoute de ses rêves, car ces derniers vous révéleront des indices pour atteindre votre bonheur. Je ne compte pas le nombre de fois où j'ai rêvé d'être investisseur immobilier avec un trousseau de clés plus grand que ma main. Comme si mon subconscient harcelait mon cerveau en lui disant « c'est possible, passe à l'action ! ».

Mais une fois réveillé, il est difficile d'imaginer que cela est possible, il y a tellement de contraintes dans le quotidien, de choses à penser et à faire, que cette lueur est très vite éteinte.

Afin de maintenir cette lumière, j'ai évoqué ces rêves à mes proches comme une façon de les inscrire dans le réel. Bien sûr, dans une société des plus pragmatiques, il vous sera difficile de ne pas vous exposer en évoquant ces derniers. C'est à ce moment-là que le plus grand ennemi qui n'est personne d'autre que vous-même sera sous les feux des projecteurs. C'est à ce moment-là où vous verrez si votre moi intérieur est plus fort que ceux qui vous entourent. Évidemment, comme vous vous en doutez, vos rêves feront sourire votre entourage et si vous insistez, ils vous prendront pour un mégalo. Dans le meilleur des cas un doux rêveur. Mais vous devrez faire face à ces remarques et prouver à votre entourage qu'il ne s'agit pas de simples rêves.

Cette inscription dans le réel vous motivera pour mettre des actions en place, pour passer du rêve à la réalité.

Si je peux comparer l'immobilier à un autre domaine que je connais, cela serait celui du sport. En effet, le sport peut avoir plusieurs intérêts, comme celui de développer sa capacité à passer à l'action, ou encore son opiniâtreté.

J'ai commencé le sport peu après mes débuts dans l'immobilier. J'avais comme un besoin de libérer une énergie, de me surpasser. Comme tout le monde, je me disais qu'avoir un corps athlétique était chose impossible, qu'il s'agissait le plus souvent de trucage ou de dopage.

Mais à force d'actions répétées dans le temps, j'ai pu concrètement voir des changements sur mon corps et sur le regard des autres. J'avais un sentiment d'accomplissement.

Quel est le rapport avec l'immobilier allez-vous me dire ?

Dans l'immobilier j'ai pu me rendre compte qu'il s'agissait exactement de la même chose, avec un ensemble d'actions répétées quotidiennement vous aurez des résultats concrets.

Dans le sport, il vous faudra dans un premier temps oser franchir la porte de la salle de sport. Être vu comme la personne chétive, apprendre les techniques de base, vous blesser, maintenir votre motivation, vous exposer aux regards et aux jugements. Est-il facile de sortir un shaker de protéines pendant la pause où tout le monde a une tasse de café ? Non ! Car vous serez en marge des autres, vous vous exposerez aux jugements. Dans l'immobilier comme dans le sport, vous serez confrontés aux mêmes difficultés. Dans le domaine du sport, si vous souhaitez obtenir un corps athlétique et que votre but est atteint, vous serez de nouveau critiqués par certaines personnes, « c'est de la gonflette ».

Le lien le plus important pour moi entre le sport et l'immobilier est le domaine du « possible ». Vous verrez concrètement que grâce à votre détermination, vous pourrez avoir un corps athlétique et cela vous montrera que la frontière entre rêve et réalité peut être franchie.

Vous aurez grâce au sport davantage confiance en vous, et vous serez prêt à faire davantage de sacrifices. Vous pourrez donc apprendre la notion de récompense après l'effort, travailler sur votre détermination.

On dit d'ailleurs souvent que le corps reflète l'esprit. Quelqu'un qui se néglige physiquement le plus souvent se néglige psychiquement et cela aura un impact avec vos interlocuteurs dans la société, ainsi que dans l'investissement. Si vous voulez être pris au sérieux, il vous faudra dégager de l'assurance, de la confiance en vous et de la détermination.

Si je vous dis que le bien immobilier a une valeur en dessous du prix indiqué, cela n'aura pas le même effet si je suis en pyjama avec un ton monotone, que si je vous le dis en chemise avec une voix dynamique. Et même pire un mensonge dit avec la plus grande des convictions passera le plus souvent pour une vérité.

Il est donc important de vous motiver afin de gagner votre premier combat dans l'immobilier. Combat où l'adversaire se situe dans le reflet du miroir de votre salle de bain, celui que vous voyez tous les matins en vous levant, il s'agit de vous.

Êtes-vous prêt à assumer vos projets auprès de votre entourage ?

....
....
....
....
....
....
....
....
....
....
....
....
....
....
....
....
....
....
....
....
....
....
....
....
....
....
....
....
....
....

CHAPITRE 3

Les éléments déclencheurs : vers la liberté financière

Pourquoi cette recherche de liberté financière ? La première piste qui m'est venue à l'esprit m'a fait sourire : un jeu connu de tous, le Monopoly.

J'adorais ce jeu où ma famille était présente autour de la table, le plus souvent le week-end avec des parties passionnées qui duraient plusieurs heures. Nous pouvions détenir de grosses liasses de billets et poser des maisons vertes puis des hôtels rouges afin d'être, l'espace de quelques heures, un mania de l'immobilier.

J'ai toujours aimé ce jeu de société qui appartenait à mon père dans son enfance. Il a une couverture orange avec un motif léopard ainsi qu'un revêtement en relief. Lors de l'ouverture de la boîte, une odeur de vieux livre s'échappe, la notice est toujours présente, ainsi que l'ensemble des cartes et des billets en ancien franc. L'état de conservation est remarquable, j'ai énormément de concorde et d'émoi pour ce jeu qui pouvait à l'occasion servir de banque lors des attaques de cow-boys de mon enfance avec mon frère et ma sœur. Au fil du temps, j'avais remarqué, à la suite de différentes parties, que ce n'était pas forcément les parcelles de terrain les plus onéreuses qui offraient le rendement le plus fort. De plus, plus le prix des terrains était élevé, moins il devenait possible d'acheter d'autres terrains.

Un de mes souvenirs marquant est une partie avec mon grand-père. Ce dernier avait des valeurs à toute épreuve et détestait la triche. Il se concentrait sur les parcelles les plus onéreuses. Il pouvait acheter moins de parcelles et en conséquence réduisait la probabilité de passage sur ces dernières. Mon grand-père, après plusieurs défaites, s'est exclamé « tu triches, je ne rejouerai plus jamais avec toi ». Et à mon plus grand étonnement, il n'a plus jamais accepté de rejouer une partie.

J'avais compris que pour faire du rendement, il est préférable de se concentrer sur les terrains les moins onéreux qui offrent souvent une meilleure rentabilité et de multiplier ces derniers. Il vous sera difficile d'acheter plusieurs pavillons familiaux pour les louer, mais vous pourrez par contre acheter de nombreux studios avec un rendement bien supérieur.

Mes parents m'ont transmis deux jeux de leur enfance. Mon père le Monopoly et ma mère un scrabble. Mon père a fait des études dans les mathématiques et ma mère dans la littérature. Ils excellent tous les deux dans leur domaine et je pense que ces jeux d'enfance ont fait écho dans leur vie. Pour moi, il n'y a pas de meilleur enseignement qu'à travers le jeu. L'aspect ludique transmet bien plus de connaissances qu'un simple cours théorique, grâce au jeu vous êtes acteurs et construisez votre propre expérience. Je vous suggère donc de voir l'immobilier comme un jeu, vous passerez ainsi peut-être du tapis de votre Monopoly aux rues de votre ville.

Un deuxième élément qui a pu être un déclencheur dans ma vie est mon expérience professionnelle. Dans mes débuts, j'étais dans un service qui me plaisait énormément. Il y avait une bonne entente avec l'ensemble de l'équipe et une cohésion rare dans le monde professionnel.

Cette expérience a duré environ un an puis, un beau jour, j'ai reçu un courrier me disant que j'étais muté dans un autre service. J'avais de très bonnes notations, aucune remarque négative dans mon dossier. Malgré tout, j'étais puni sans raison. J'ai rédigé plusieurs courriers conjointement avec mon supérieur pour éviter ce changement, mais rien n'y a fait, la décision était prise. Mon employeur m'a simplement répondu « c'est ça ou la porte ».

Ce dernier savait très bien que j'avais besoin de ce travail et que je me plierai à ses exigences. J'étais écœuré par ce mode de fonctionnement et c'est à ce moment-là que je me suis lancé dans l'immobilier. Une façon pour moi de me dire : « rira bien, qui rira le dernier ». Maintenant au moment où j'écris ce livre, je vais vous surprendre, in fine, paradoxalement, je dois admettre que je devrais remercier cet employeur, car il m'a permis de me secouer, de me pousser hors de ma zone de confort.

Quelques années plus tard, j'ai eu plusieurs exemples de la fragilité de ne vivre que d'une seule source de revenus.

Un membre de ma famille proche m'avait répété à de nombreuses reprises « c'est la "normalité" de travailler ». Il ne comprenait absolument pas mon état d'esprit, ma vision de la vie. Je pense avec recul qu'il avait même de la peine pour moi, pensant que je me trompais sur toute la ligne. Ce dernier avait fait toute sa carrière dans la même entreprise et avait environ cinquante ans. Il ne prenait jamais d'arrêt maladie et était reconnaissant de sa « boîte » pour son évolution, il n'était pas rare de le voir pianoter sur son clavier d'ordinateur le week-end pour son patron.

Mais un jour son usine a décidé de recruter pour s'étendre et de faire la chasse au personnel présent de longue date pour leur coût trop important, même si ce n'était pas explicitement dit ainsi.

L'employeur a donc attendu que cet employé fasse une faute pour lui mettre la pression et aussi lui faire signer sa démission. Cette personne n'avait pas de diplôme et seulement son expérience au sein de son entreprise comme curriculum. Il a donc été difficile pour lui de ne pas plier face aux menaces de son entreprise de lui faire mauvaise réputation s'il refusait de signer cet accord de licenciement.

J'ai vu à la suite de cette perte d'emploi et de dignité, cet homme basculer dans la dépression, alternant cafés et cigarettes, enchainant les entretiens pendant plusieurs mois.

Heureusement, au plus grand soulagement de sa famille, ce dernier a fini par retrouver un emploi, mais avec des rémunérations et conditions de travail moins intéressantes.

À la suite de cet événement, je peux vous dire qu'il avait ouvert les yeux sur ce que voulait dire la sécurité financière.

J'ai été stupéfait par cet événement, comment un homme qui donne tout pour son entreprise peut-il être du jour au lendemain traité de la sorte. Pour moi, c'était un exemple concret de la « toute puissance » de l'employeur.

Cela m'a d'ailleurs conforté dans l'idée d'investir dans l'immobilier.

Dans ma profession, nombreux sont les employés malheureux, en manque de reconnaissance et souvent malmenés par la direction. Je ne compte plus les « burn out » et dépressions auxquels dont j'ai pu être témoin. Ces derniers sont comme prisonniers de leur condition et je me refusais de me résigner à cela. Au bout de cinq ans, j'avais pu être témoin de plusieurs licenciements forcés, de mutations contraintes, et de reconversions professionnelles.

Il n'était pas rare de voir la direction passer pour épier les employés et leur mettre la pression. Le motif officiel était « le bien-être au travail », cela ne manquait pas d'ironie.

Mais, le plus grand événement dans ma vie professionnelle, celui qui m'a profondément révolté, a été ce que j'appelle « le braquage ».

En effet, au fur à mesure des différents départs dans les services, l'entreprise a été obligée de recruter du personnel, les lois ayant évolué, ce personnel était recruté sur des grilles indiciaires plus favorables.

Concrètement, les derniers arrivés étaient plus rémunérés que des personnes avec dix ans d'ancienneté.

J'ai donc rédigé un email avec différentes observations et toutes les formules de politesse de rigueur afin de questionner la direction. S'agissait-il d'une erreur ? La réponse était méprisante « votre contrat n'est pas soumis aux grilles indiciaires ».

En effet, le tout puissant avait parlé. « Circulez, il n'y a rien à voir ». Après vérification, mon contrat était bien en faveur de mon employeur et je n'avais pas la loi de mon côté.

Il s'en est suivi un fort mouvement de contestation des employés. Ces derniers ont réussi à aligner leur rémunération sur les dernières grilles indiciaires, ainsi que la prise en compte de leur ancienneté.

Le manque à gagner sur plusieurs années se comptait en milliers d'euros par employé. Ces derniers avaient été comme « braqués » par leur patron et cela aurait pu durer encore des années si cela n'avait pas été révélé au grand jour par un employé de notre établissement.

Vous avez là une preuve que les lois ne sont pas faites pour les employés, mais pour ceux qui détiennent l'argent. Comment expliquez-vous, qu'avec l'immobilier, certaines années je payais moins d'impôt, pour ne pas dire pas d'impôt. Alors que mes collègues de travail qui gagnaient moins bien leur vie que moi en payaient ? J'avais compris qu'il était impossible de se battre contre le système, mais qu'il était possible de jouer avec les règles pour les mettre à mon avantage. Pour atteindre ce résultat, je dois vous concéder que le chemin n'est pas simple. Cela nécessite de l'organisation, de la volonté pour ne pas dire de la pugnacité mais l'enjeu, le résultat vaut bien cela. Comme je vous l'ai expliqué plus tôt dans ce livre, mon père déménageait fréquemment pour son travail. J'avais parfois le mal du pays et entre chaque déménagement, il m'arrivait de me rendre dans une ville de mon enfance le temps d'une semaine de vacances.

Lors d'un de ces trajets, un événement a marqué ma vie, une rencontre avec une personne qui a été un élément moteur de mon existence.

Lors d'un de ces voyages, une personne s'assoit donc à côté de moi, une personne âgée d'environ 65 ans. Cette personne était toute de blanc vêtue, jusqu'aux cheveux, le tout coiffé d'un chapeau blanc très élégant.

Cette dame, dégageait une profonde humanité autour d'elle. J'avais l'impression d'être à côté d'un ange. J'avais mes écouteurs, le regard fermé, mais cette dernière a rapidement engagé la conversation avec moi et plus cette dernière parlait, plus l'ensemble du wagon s'exclamait de rire, d'étonnement. J'assistais à une conversation surréaliste, cette personne lisait en moi comme dans un livre, décelant les problématiques de ma vie avec une clarté saisissante. Elle m'a relaté qu'elle vivait à Bruxelles et qu'elle s'était rendue dans le sud de la France pour un mariage dans sa famille expliquant ainsi sa tenue d'un blanc étincelant. Cette dernière était veuve, son mari était un ancien banquier. Elle sortit l'ancien portefeuille de son mari d'un cuir marron vieilli afin de me montrer sa photo. Cette dernière passa littéralement trois heures du trajet à me pousser de l'avant, à me motiver à reprendre en main ma vie, et me donna même un moyen concret d'y parvenir, « Écris tous les jours sur un papier tes objectifs de la journée ». Depuis ce jour que ce soit sur papier ou bloc-notes informatique, je note mes objectifs. Ma compagne, n'ayant pas connaissance de cet épisode de ma vie, s'amuse souvent en me disant que j'ai Alzheimer à force de me voir tous les jours noter ce que je veux faire. En descendant du train, j'étais comme en état de choc. Mes parents attendaient sur le quai et je leur ai dit immédiatement, « il y avait une personne étrange à côté de moi, j'avais l'impression que c'était un ange ». Nous avons cherché du regard, mais impossible de retrouver sa silhouette dans le wagon.

Cette personne n'était peut-être pas un ange, mais elle en avait tous les traits et pour moi elle avait agi en tant que tel. Suite à cet événement marquant, j'ai pris la décision de tester cette méthode. Elle m'a rapidement permis de relever bien des défis, de changer ma vision de la vie et sûrement d'éviter une trajectoire sans retour possible.

Je conseille à tout le monde de noter ses objectifs de la journée et ainsi de jour en jour les objectifs seront de plus en plus grands. Cela peut être du ménage à faire, aller courir, passer un coup de téléphone pour une annonce immobilière.

Ce conseil peut se rapporter à la notion « d'effet cumulé ». Concrètement un ensemble de petites actions à petite échelle va produire à moyen terme et d'autant à plus long terme de grands effets avec de ce fait de grandes conséquences.

Je vais vous donner un exemple pour illustrer cette notion. Imaginons qu'une série que vous appréciez particulièrement passe à la télévision le soir. Celle-ci dure longtemps et vous faites le choix d'aller vous coucher très tard.

Le lendemain matin, vous serez fatigués et vous vous lèverez après l'heure prévue et arriverez en retard à votre travail. Vous avez oublié votre repas, vous ne mangez donc pas un repas équilibré lors de la pause du midi. Puis arrive un imprévu au travail vous êtes fatigués, irritables, et manquez de respect à votre supérieur, manque de chance ce dernier est rancunier et vous êtes licenciés. Vous n'arrivez plus à payer les factures de votre foyer, votre femme vous quitte. Vous voilà sans emploi et divorcé.

Ceci est un exemple extrême de l'effet cumulé, qui montre les conséquences que cela peut engendrer dans votre quotidien. De petites actions répétées qui peuvent être positives ou négatives.

Je vous propose donc de mettre par écrit des petites actions à mettre en place afin d'améliorer votre vie, manger équilibré, faire du sport, regarder moins la télévision.

Ce sont des petites actions répétées qui auront de grandes conséquences sur votre état d'esprit et sur votre vie.

Quels sont les éléments dans votre vie qui peuvent vous amener à ne plus vouloir dépendre d'un salaire ?

....
....
....
....
....
....
....
....
....
....
....
....
....
....
....
....
....
....
....
....
....
....
....
....
....
....
....
....
....

DEUXIÈME PARTIE

FAIRE TRAVAILLER SON ARGENT

CHAPITRE 4

Le triangle financier

Nous avons tous une perception du temps qui nous est propre. Et quoi qu'il en soit, nous sommes tous à un moment présent dans cette échelle du temps qui ne s'arrête jamais. Cette échelle de temps est bien plus immense, pour ne pas dire incomparable à notre espérance de vie.

En quelques mots, votre esprit a sûrement été déstabilisé, face à cette immensité de temps derrière nous et devant nous, comparé à notre bref passage sur terre. Et pour autant, ce sont à travers ces brefs passages, que l'espèce humaine avec son plus lointain ancêtre « l'australopithèque » est apparue il y a quatre millions d'années.

À travers toutes ces évolutions et générations d'hommes, il y eut une transmission de savoir-faire, savoir-être et également de patrimoine.

Je suis conscient qu'il est difficile de se projeter dans le temps et de penser à sa situation dans dix, quinze ou vingt ans. Il est encore plus difficile de penser à la situation de ses enfants ou encore des générations suivantes. C'est pourtant là une des clés de la richesse, savoir se projeter dans le temps.

Il ne sera bien évidemment pas facile pour vous de vous priver dans les jours à venir, de tenir vos comptes et ainsi de diminuer vos dépenses. Mais il faudra dans un premier temps vous priver et changer votre relation à l'argent afin d'avoir une situation meilleure dans le futur.

Vous avez peut-être eu la chance d'avoir hérité et il sera important de transmettre à votre tour. Mais si vous n'avez pas eu cette chance, il est possible de faire entrer votre famille dans ce cercle vertueux et de permettre son enrichissement grâce à l'horloge immobilière.

Le foncier est un vecteur important d'enrichissement et il ne tient qu'à vous d'ajouter cet atout dans votre jeu et de le transmettre à vos enfants. Vous ne pourrez jamais transmettre votre travail, que vous soyez ingénieur ou employé de mairie, votre enfant ne pourra pas bénéficier de votre emploi ni de votre salaire. Mais l'immobilier est un outil financier redoutable pour son propriétaire car ce dernier a la chance de pouvoir être transmis de génération en génération.

Il est tellement plus simple pour moi de me dire que je vais m'acheter une belle voiture, pratiquer des loisirs très prochainement ou craquer pendant une balade dans les avenues commerçantes. Il faut pourtant se faire violence et se projeter dans le temps, comprendre qu'il est préférable de conserver son argent, de l'investir afin d'avoir une sécurité financière plusieurs années plus tard.

Cette notion peut être nommée la gratification différée, cela consiste à avoir la capacité à résister à une tentation immédiate pour obtenir une récompense plus importante par la suite.

Pour cela, vous l'avez bien compris, il faudra se projeter dans le temps. Cette capacité jouera un rôle important dans votre réussite et vous démarquera de la majorité des personnes.

Une étude psychologique très célèbre a été menée dans les années soixante-dix dans une université américaine du nom de Stanford et très largement reprise par la suite, cette étude est le Test du Marshmallow. Ce test n'est rien d'autre qu'une évaluation des capacités de l'enfant à se projeter dans l'avenir. On propose à un enfant une guimauve que l'on pose devant lui, ce dernier peut manger immédiatement la guimauve s'il le souhaite, mais s'il attend pour la manger l'adulte reviendra le récompenser d'une deuxième guimauve.

Les enfants ont été suivis sur plusieurs années. L'étude a révélé qu'il y avait un lien entre la capacité de l'enfant à résister à la tentation, se projeter dans le temps et sa réussite dans la vie.

Je pense que l'homme a tendance à voir sa vie à court terme. Qui n'a d'ailleurs jamais entendu la phrase : « qui sait si demain, nous serons encore en vie ? », une façon quelque part de fuir ses responsabilités et de se déculpabiliser.

Nous vivons, hélas, dans une société où l'instantané domine, nous voulons tout, tout de suite. Et bien souvent, cela est la source de nombreuses situations financières difficiles pour un certain nombre d'entre nous.

Dès que vous allez dans les surfaces commerciales, des propositions d'achats facilitées sont proposées, achats en plusieurs mensualités et crédits à la consommation. Cela apparaît en premier lieu dans les rayons des magasins, puis en caisse, et votre banque vous pousse une nouvelle fois vers ce gouffre financier au moment d'insérer votre carte bancaire « paiement crédit ou comptant ».

Sans compter les publicités dont vous êtes harcelé quotidiennement, dans vos boîtes aux lettres, boites mail, navigations internet, télévision, les réseaux sociaux, etc…

Une façon de créer un besoin et de vous inciter à consommer alors que vous pourriez vous passer de ces différents biens et services. Pour ma part, j'évite d'être sous l'influence des publicités, si je regarde la télévision je change de chaînes à chaque début de publicité, je jette les prospectus promotionnels sans les lire. C'est ma façon d'éviter d'être sous l'influence de la société de consommation même s'il m'arrive parfois de me faire plaisir. Mais je sais patienter et me restreindre si je juge que cela est nécessaire.

La catégorie de personnes que je mets dans les « consommateurs » aura recours à ces méthodes pour améliorer temporairement dans l'instant présent leur train de vie. Ils seront persuadés par les différentes campagnes publicitaires, et pour bénéficier de ces produits commerciaux comme les derniers smartphones par exemple, effectueront des crédits à la consommation.

Ils paieront jusqu'à plusieurs fois le prix de cet article, et n'auront plus rapidement le choix de recourir à de nouveaux crédits pour effectuer d'autres achats. Ils travailleront donc toute leur vie pour rembourser leurs dettes.

Tout cela par manque d'éducation financière, d'incapacité à se projeter dans le temps et d'apprendre à différer une tentation. Pourquoi comme titre de chapitre, le triangle financier allez-vous me dire ? Selon moi, les finances de chaque individu, se distinguent en trois catégories : les consommateurs, les épargnants, les investisseurs.

Triangle financier:

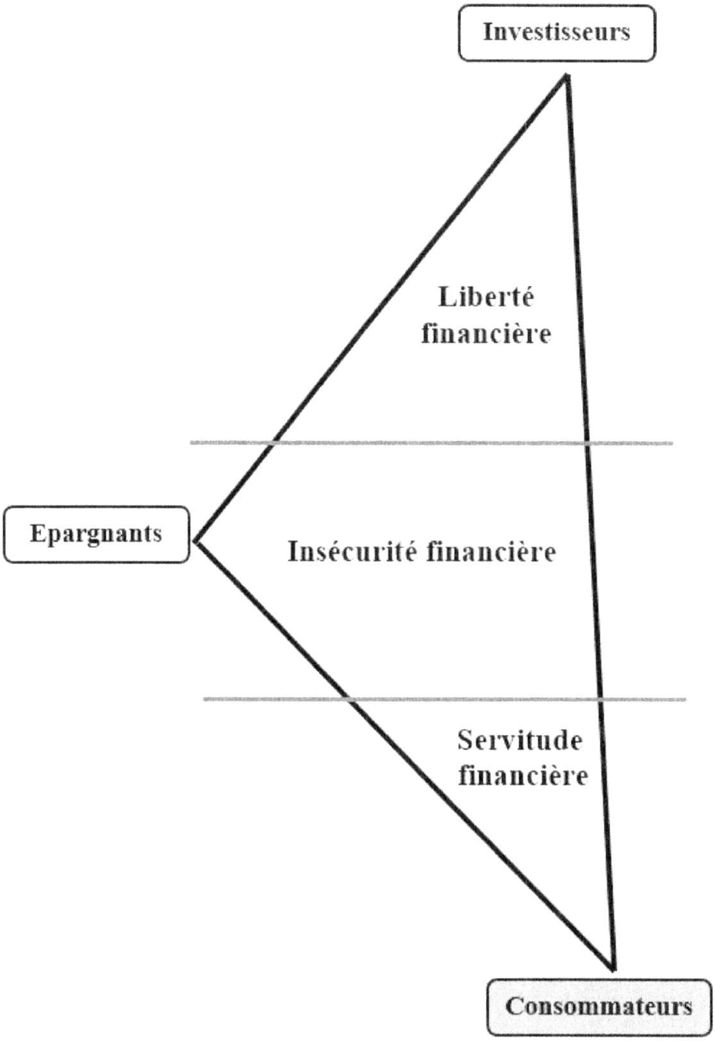

Les consommateurs sont, selon moi, en bas du triangle financier, ce qui n'en fait pas des personnes avec moins de valeurs que les autres. Mais ce qui est financièrement très pénalisant, ces derniers se contentant d'effectuer une course sans fin et perdue d'avance. L'argent sera pour eux une servitude, une charge qui ne cessera de croître au bénéfice d'autrui. À travers les prêts à la consommation, ils seront esclaves de leur argent et de leurs envies. Car ces derniers se contenteront d'échanger leur argent contre davantage de dettes pour satisfaire des besoins autres que ceux qui sont physiologiques. J'ai d'ailleurs de nombreuses connaissances qui ont recours au leasing aussi appelé location avec option d'achat pour acheter des véhicules prestigieux qu'ils ne pourraient posséder en temps normal. Mais en réalité, il ne s'agit de rien d'autre qu'un crédit à la consommation qui vous permet d'avoir à disposition un bien contre le paiement de mensualités. Le véhicule revient bien évidemment plus cher en fin de compte que s'il avait été acheté comptant. De plus, cela vous handicapera lors de la constitution de votre dossier bancaire pour obtenir un crédit immobilier, car bien évidemment le leasing est considéré comme un passif par votre banque. Vous êtes, peut-être, dans cette situation et si j'aborde le sujet c'est qu'il est très important que vous en preniez conscience. Car il est possible d'agir et de vous hisser en haut du triangle financier. Vous n'êtes d'ailleurs pas un cas isolé sachant qu'en France un tiers de la population est en train de rembourser un crédit à la consommation. Soixante-deux pour cent de la population a d'ailleurs déjà eu recours à cette solution de financement. J'ai, moi-même, eu recours au crédit à la consommation, mais dans un contexte bien différent.

J'étais dans une période où mes achats immobiliers se succédaient et les organismes bancaires exigeaient un apport pour une prochaine acquisition afin de me sécuriser. Cela était compréhensible au vu de mon reste à vivre et de l'enchaînement de mes acquisitions. Néanmoins, cet apport me mettait dans une situation périlleuse. J'avais effectué la planification de mes dépenses à venir et je savais que la rénovation d'un de mes biens pouvait arriver à tout moment. J'ai donc décidé de ne rien dire à la banque et de donner l'apport exigé pour acquérir ce nouveau bien. Puis, j'ai souscrit par la suite, à un crédit à la consommation sur 4 ans afin de me mettre à l'abri de toutes dépenses inopinées. Mes calculs étant exacts, j'avais pu anticiper les dépenses qui ne se sont pas faites attendre.

Le crédit à la consommation est à éviter, mais il m'a, dans ce cas de figure, permis de faire une acquisition immobilière et par conséquent une opération qui s'avèrera rentable dans le temps. Avec ce crédit, j'ai en effet perdu mille euros dans l'instant présent. Mais sans ce dernier, je ne pouvais accéder à l'acquisition du bien immobilier d'une valeur de deux cent mille euros, qui quinze ans plus tard, serait remboursé de tous crédits. Autant vous dire que pour « le prix » d'une période de vacances, je m'offrais une résidence secondaire.

Dans le milieu du triangle viennent ensuite les épargnants qui auront tendance à privilégier l'épargne et mettront le maximum d'argent de côté en diminuant leurs dépenses. Ce comportement peut s'expliquer par une peur de l'avenir, une crainte des jours à venir. Ce qui est en soit un très bon début, car elle permettra au foyer de faire face aux imprévus, aux dépenses inopinées, mais hélas, cela ne leur permettra jamais d'accéder à la liberté financière. Car pour atteindre cette liberté il faut passer l'étape supérieure qui serait d'investir une partie de cette épargne.

J'ai, moi-même bénéficié d'une éducation d'épargnant, mes parents qui ont toujours eu de l'épargne de côté m'ont appris la valeur de l'argent et à économiser mes gains.

Dans mon enfance, mes parents avaient mis un système en place. Avec un simple stylo et un cahier, mon père traçait deux colonnes, une pour les dépenses, une pour les recettes. Enfant, ma seule source de revenus était les fêtes comme les anniversaires ou la période de Noël ainsi que d'autres revenus contre services rendus. Il me fallait donc me projeter dans le temps afin de gérer mon argent sur l'année pour ne manquer de rien. Lorsque je gagnais de l'argent mon père inscrivait un « + » avec la somme et inversement lors de dépenses comme pour m'acheter un vêtement un « – » suivi de la somme. J'ai ainsi bénéficié d'une capacité à mettre de l'argent de côté ce qui est important pour pouvoir investir mais j'ai dû me faire ma propre éducation en termes d'investissement.

De plus, il faut avoir connaissance d'un ennemi pour l'épargnant qui se nomme « l'inflation ». L'inflation désigne un phénomène économique qui se traduit par une dépréciation de la monnaie combinée à une hausse des prix des biens et des services. En clair, avec la même somme d'argent vous pouvez acheter moins de choses qu'auparavant. Il s'agit d'une baisse du pouvoir d'achat. L'épargnant qui a donc mis de côté une somme par exemple de 10 000 euros pendant une dizaine d'années ne pourra en réalité acheter que des biens et services qui étaient d'une valeur de 5 000 euros dix ans auparavant. Le coût de ces objets ayant augmenté et leur monnaie ayant subi une dévaluation.

Historiquement, l'inflation s'est maintenue à un taux moyen entre 0,2 % et 0,3 % par an pour la période allant de 1700 à 1913. Cette période se caractérisant par une stabilité monétaire. Mais entre 1913 et 1950, la France connaît une inflation de 13 % par an soit une multiplication des prix entre 100 et 300 pour cette période. Puis entre 1950 et 1990 entre 6 et 8 % et enfin actuellement nous sommes autour des 1 à 2 %. L'épargnant s'expose donc au risque de voir ses économies perdre considérablement de leur valeur. De plus en cas de crise économique, les émetteurs de la monnaie d'État (donc la banque centrale européenne) auront tendance à pratiquer ce qu'on appelle « faire tourner la planche à billets » ou encore « l'hélicoptère monnaie ». Ce qui revient à créer de l'argent sans création de richesse correspondante, avec pour conséquence, une dépréciation de la monnaie, une augmentation de l'inflation.

Les investisseurs, quant à eux, seront moins affectés par l'inflation, car ils seront détenteurs d'actifs économiques dont la valeur ne sera pas affectée par l'inflation (terrains, entreprises…). De ce fait, la valeur de leur patrimoine ne perdra pas en valeur dans le temps contrairement à l'épargne.

Vous l'aurez donc compris ma catégorie favorite, et celle, qui pour moi doit être atteinte par tous ceux qui ne veulent plus être dans une incertitude financière, est celle des investisseurs. J'ai pour ma part fait mes débuts dans l'investissement avec l'immobilier. C'est tout d'abord à ma connaissance le seul investissement qui ne nécessite pas réellement d'avoir des fonds élevés. Vous pouvez emprunter l'argent aux banques et le rembourser avec les loyers, contrairement aux autres investissements qui nécessiteront de mettre de l'argent sur la table de façon plus conséquente. De plus, l'immobilier est pour moi un des investissements où les risques de pertes sont réduits au minimum. En effet, dans tous les cas, votre logement devrait trouver un locataire sans trop de difficulté et être remboursé dans le temps. Je dois reconnaître que comme tout investissement, il faut néanmoins respecter différentes étapes pour faire un bon investissement et pouvoir ainsi enchaîner les acquisitions immobilières.

Mais, dans l'investissement il y aura toujours un risque de perte d'argent et une phrase récurrente revient souvent « n'investit que ce que tu es prêt à perdre ». Je ne suis pas vraiment d'accord avec cette phrase, car le but de l'investissement n'est pas de perdre, mais de gagner de l'argent. Cependant j'aime la symbolique de cette phrase qui montre qu'il ne faut pas se mettre dans une situation délicate. Ne pas prendre le risque de ne pas pouvoir payer ses impôts, ses factures est primordial ainsi qu'anticiper des dépenses à venir, sinon la faillite ne sera qu'une question de temps. Avant chacun de mes investissements, j'ai évalué mon nouveau taux d'imposition et les sommes que j'aurais à payer et cela m'a évité bien des mésaventures.

J'ai pu remarquer dans l'investissement, avec un peu de recul, qu'il s'accompagne souvent dans un premier temps d'une perte d'argent. Dans l'immobilier, il faut parfois avancer des frais, comme des travaux à financer, un apport à l'achat ou encore des frais annexes imprévus.

J'ai la plupart du temps perdu temporairement de l'argent sur mes comptes dans les premiers mois de mes investissements et j'aurais pu me dire que c'était là un mauvais deal et renoncer. Mais ayant bien travaillé mes fondamentaux je savais que cette courbe allait s'inverser dans le temps pour devenir exponentielle.

Lorsque j'effectuais une acquisition immobilière, cette dernière était anticipée dans le temps plusieurs mois voire années à l'avance. Contrairement à la plupart des personnes qui vont économiser pour acheter des passifs comme une console de jeux vidéo (et je suis moi-même passé par là…). L'investisseur mettra une somme d'argent de côté afin de la placer dans un actif (immobilier, actions, etc.) en vue d'un retour sur investissement et répètera ce mécanisme jusqu'à atteindre la liberté financière. Ainsi ces derniers utiliseront leur argent afin de créer davantage de valeur et seront dans une perspective de consommation productive, ils utiliseront leur argent afin de générer des biens ou services qui leur permettront d'acquérir de nouveaux revenus.

Il est donc nécessaire de connaître le triangle financier et de le comprendre afin de mettre en place des actions en place pour atteindre votre but qui je l'espère est celui de la liberté financière.

Réfléchissez à un montant qui a une réelle valeur à vos yeux et notez la durée pendant laquelle vous êtes prêt à patienter pour l'obtenir.

CHAPITRE 5

Notions financières pour démultiplier ses revenus

Je préfère vous avertir, vous ne vous lèverez jamais un beau matin en démultipliant vos revenus du jour au lendemain. Cela nécessite un processus d'apprentissage de différents savoirs concernant la gestion de l'argent. Ce processus est plus ou moins long selon l'éducation de chacun, selon votre histoire de vie. Quelqu'un qui ne se questionne pas sur sa vie et sa relation à l'argent ne développera jamais les notions nécessaires à l'augmentation de ses revenus.

J'ai, pour ma part, eu un désir profond de changer de vie et une soif d'apprendre concernant l'investissement et plus précisément l'immobilier. Cet objectif de vie est devenu une obsession pour moi. J'ai dormi immobilier, je me suis lavé immobilier, j'ai mangé immobilier, j'ai consacré des week-ends et vacances à l'immobilier. J'ai consacré à l'immobilier plus de temps qu'à n'importe quel autre domaine. Plus j'approfondissais mes recherches, plus je réalisais que l'immobilier était lié à l'investissement, et donc à la gestion de l'argent. Ce que je veux dire par là c'est que l'immobilier est accessible à tous, mais pour générer des revenus avec l'immobilier il faudra vous éduquer financièrement. L'immobilier n'est rien d'autre que l'outil et vous en êtes l'artisan, vous allez donc apprendre à manier cet outil pour façonner votre liberté financière.

Je vais donc dans ce chapitre, partager avec vous quelques notions liées à l'argent et à l'immobilier qui sont primordiales à maitriser pour transformer un achat immobilier en revenus.

L'immobilier est le seul investissement qui ne nécessite pas de fonds ou très peu. À ce jour, en France, tout le monde peut quasiment se lancer dans l'immobilier avec un CDI grâce à l'effet levier.

L'effet levier consiste à utiliser l'endettement pour augmenter votre capacité d'investissement. Les banques vont financer des achats immobiliers que vous ne pouvez pas acquérir avec vos propres fonds. Vous allez donc acheter des biens avec de l'argent que vous n'avez pas. Vous allez ainsi éviter d'épargner pendant des dizaines d'années pour acquérir un bien. Concrètement, à travers l'effet levier, donc le crédit immobilier, vous allez acquérir davantage de biens immobiliers, générer davantage de revenus issus de la location de vos biens et ainsi vous enrichir de manière plus importante et plus rapide.

Je précise qu'il s'agit bien d'immobilier, car la banque est beaucoup plus encline à prêter de l'argent sur l'immobilier que d'autres actifs. Car l'investissement locatif par le côté tangible de la pierre, sa faible volatilité et par conséquent sa stabilité va rassurer les banques. Dans d'autres types d'investissements, il sera par contre très difficile d'emprunter de l'argent, comme pour investir en bourse ou pour créer une entreprise sans expérience préalable. Ainsi, sans vous en rendre compte, grâce à l'immobilier, vous allez vous enrichir de plusieurs centaines de milliers d'euros à chaque acquisition. Cet effet ne se fera ressentir que partiellement dans l'instant présent selon la qualité de votre investissement. Cependant, à la fin de votre crédit, vous changerez de catégorie sociale du jour au lendemain avec des milliers d'euros sur vos comptes bancaires à chaque fin de mois. Il faut visualiser l'effet levier avec une barre de levier et un pivot. D'un côté, vous avez l'apport financier et de l'autre les biens immobiliers. Dans un premier schéma, vous avez votre épargne et les immeubles de l'autre côté, vous pouvez visualiser que le poids matérialisé par des pièces n'est pas suffisant pour acquérir les biens. En effet, peu de personnes possèdent plusieurs centaines de milliers d'euros pour acquérir des biens immobiliers. Vous serez donc bloqués ou ne pourrez investir seulement en fonction de la somme dont vous disposez, vous privant ainsi de l'effet levier et de la démultiplication de vos investissements.

Dans le second schéma, vous pouvez voir que, grâce à un prêt immobilier, le levier s'actionne et vous permet d'acquérir les biens sans même augmenter votre épargne. Ainsi les immeubles seront vôtres et vous rembourserez la somme empruntée avec les loyers des logements acquis. Matérialisé ici par des nuages d'argent, le flux allant des locataires présents dans vos logements vers la banque. Pour une opération financière réussie, il est bien sûr nécessaire d'avoir plus de loyers que de mensualités en crédits, ce qui vous permettra d'encaisser des revenus immédiatement pendant la durée du paiement du crédit.

Actionnement de l'effet levier :

Plus l'emprunt sera important, plus les revenus de votre investissement seront importants. Il va de soi qu'avec cent mille euros, nous n'allons pas acheter autant de biens qu'avec un million d'euros et que les loyers en découlant ne seront également pas équivalents.

Je vais ensuite aborder une notion dont je vous ai déjà parlé à plusieurs reprises. Il s'agit de passif et d'actif, deux mots qui sont omniprésents dans le milieu de l'investissement et surtout de la liberté financière. Ce sont deux mots très proches d'apparence, mais qui sont à l'opposé d'un point de vue financier.

Ce qui va être désigné par les termes actif et passif, c'est ce que vous possédez. C'est notamment ce qui va permettre à la banque d'évaluer votre valeur financière, et la façon dont vous gérez l'argent ce qui est très important lorsqu'on vous prête des sommes conséquentes.

Un actif c'est quelque chose qui va amener de l'argent dans votre poche, un passif, va quant à lui, vous enlever de l'argent de votre poche. Dans le sens où un passif va se déprécier dans le temps alors qu'un actif va prendre de la valeur dans le temps.

L'argent que vous gagnez au départ n'a que peu d'importance, car au fil du temps, à force d'actions répétées, vous pourrez influencer, changer votre situation financière. Une personne qui cumulera des actifs toute sa vie augmentera ses revenus considérablement. A contrario, une personne qui a des revenus plus importants au départ, mais qui se contentera d'acheter des passifs, aura une situation financière qui se dépréciera dans le temps.

Actifs et passifs:

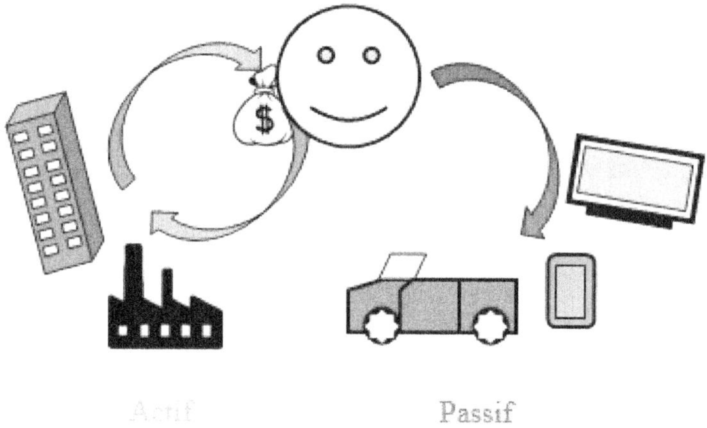

À titre d'exemple, je vais vous citer quelques actifs puis quelques passifs. Nous pouvons considérer comme un actif des actions en bourse, le fait de posséder des parts d'une entreprise, tout bien qui peut être loué et dégager des revenus. Ou encore des voitures de collections, des œuvres d'art, en conclusion des objets qui prendront de la valeur dans le temps.

À l'opposé, les passifs sont les voitures, les vêtements, télévisions, smartphones, Etc. Car ces derniers perdront très rapidement de la valeur et vous pouvez en faire l'expérience en mettant en vente vos objets dernièrement acquis comme un ordinateur par exemple. Je peux vous affirmer que vous ne récupérez jamais votre mise de départ contrairement aux actifs qui vous permettront d'augmenter votre mise investie.

Ceux qui atteignent la liberté financière passent leur vie à accumuler des actifs et ainsi par effets cumulés deviennent riches. À titre personnel, je me contrains à limiter mes passifs au maximum et concentre mes achats vers des actifs. Je possède une voiture avec très peu de valeur aujourd'hui et cela fait sourire beaucoup de monde de me voir dans une voiture si peu onéreuse. J'ai acquis cette dernière à mes débuts dans la vie active car je n'avais à la fois pas les moyens d'acquérir un bien plus onéreux en raison de mon épargne et j'avais à la fois bien conscience de la perte de valeur dans le temps d'une voiture. Je me refusais de ce fait de mettre une forte somme d'argent dans ce qui était un passif. Je pourrais, bien sûr, aujourd'hui acquérir un véhicule plus prestigieux, mais je n'en vois pas l'utilité et je préfère rester en adéquation avec mon état d'esprit.

Je vous invite à lister vos actifs et passifs et, au fil du temps, de diminuer vos passifs pour accumuler les actifs, les résultats sur votre compte en banque ne se feront pas attendre.

Parallèlement aux notions de passif et actif, il y a les « revenus passifs » et les « revenus actifs », la nuance est à première vue légère, mais peut entraîner des incompréhensions. Un revenu passif est un revenu qui ne nécessite pas de travail, d'allocation de temps pour être obtenu. Un revenu actif quant à lui nécessite du temps et du labeur.

Une personne qui détient des biens immobiliers peut rester chez elle et toucher les loyers à la fin du mois, ce sont des revenus passifs. Je peux partir en vacances toute l'année et percevoir mes loyers, cette perception d'argent ne nécessite donc pas d'allocation de temps.

Revenus passifs :

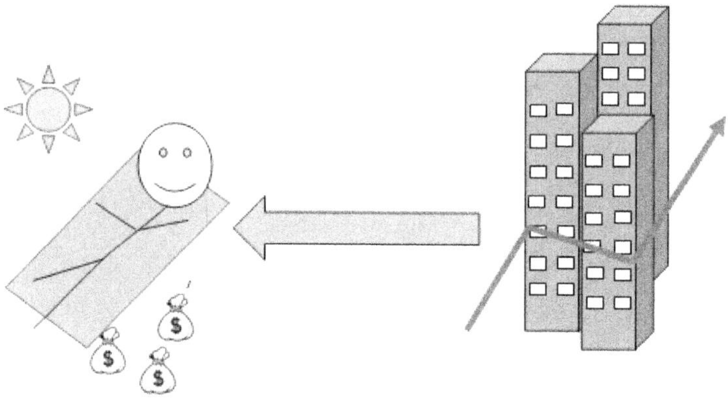

Les revenus actifs quant à eux nécessitent d'échanger un temps de travail contre un revenu, une augmentation de revenus entraînera le plus souvent une augmentation de son temps de travail ou de son implication dans l'entreprise.

Revenus actifs :

Pour conclure ces notions financières, vient pour moi la plus importante, qui est celle que je nomme l'horloge immobilière. Il faut bien intégrer que lorsque nous sommes salariés nous sommes rémunérés sur un taux horaire. Le taux horaire moyen des employés est de 17 euros de l'heure, celui du SMIC est de 10 euros de l'heure et celui des chefs d'entreprises salariés de 45,80 euros de l'heure. (Source Insee.)

En prenant en compte ces données, cela vous donne un salaire moyen si vous arrivez à devenir chef de la boite dans laquelle vous êtes salarié de 6 795 euros brut, environ 5 235 euros net avant imposition.

Vous allez surement vous dire que cinq mille euros par mois est une somme plus que suffisante et je suis d'accord avec vous. Mais pour atteindre ce poste, il vous faudra faire énormément de sacrifices pour votre entreprise et faire partie des meilleurs. Sans préciser qu'il sera nécessaire de reprendre vos études pour obtenir de prestigieux diplômes puis faire vos preuves à travers l'expérience professionnelle, vous atteindrez peut-être ce poste en fin de carrière.

Après réflexion, je me suis dit qu'il était beaucoup plus simple de créer mes propres sources de revenus et de me détacher de ce taux horaire… Vous allez me demander : "Comment faire ?" Je vais pour commencer vous imager cette notion.

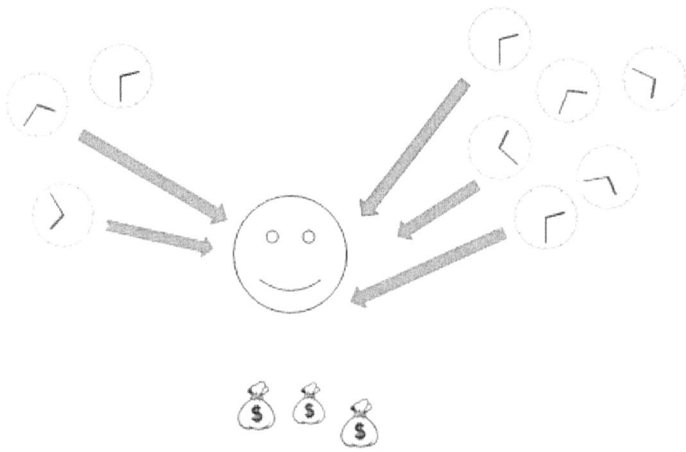

Ce que je cherche à démontrer à travers ce schéma c'est que grâce à l'immobilier, vous pouvez vous décorréler du temps et considérer chaque logement acquis et loué comme une horloge. Il n'y a que vingt-quatre heures dans une journée et vous devez dormir, vous reposer et avoir un minimum de loisirs. Il sera donc impossible en échangeant votre temps contre de l'argent et donc d'avoir un revenu selon un taux horaire de vous enrichir de manière significative.

À partir du moment où vous cesserez d'échanger votre temps contre de l'argent et que vous mettrez en place des revenus passifs, vous pourrez superposer à l'infini différentes sources de revenus.

À ce jour, je m'enrichis en dormant, je m'enrichis en flânant, je m'enrichis en partant en vacances. Car grâce à la superposition de mes horloges financières je ne dépends plus du taux horaire et je n'ai plus à échanger mon temps contre de l'argent. Mes locataires paieront leurs loyers sans que cela requière ma présence.

Nous pouvons également élargir cette horloge financière à des cycles financiers, ou périodes de crédit. Si vous vous endettez sur quinze ans et que vous bloquez à un certain stade pour obtenir de nouveaux financements, il vous faudra attendre de rembourser vos emprunts. Selon l'âge auquel vous aurez commencé à investir dans l'immobilier, vous bénéficierez de plusieurs cycles ou horloges financières. Je pense que l'on peut assez facilement réussir à effectuer trois cycles d'investissements immobiliers sur une vie. Je vous laisse donc imaginer la somme considérable que vous laisserez à vos descendants et les cinq mille euros par mois de votre directeur ne vous feront même pas sourciller d'envie.

Horloge de l'investisseur :

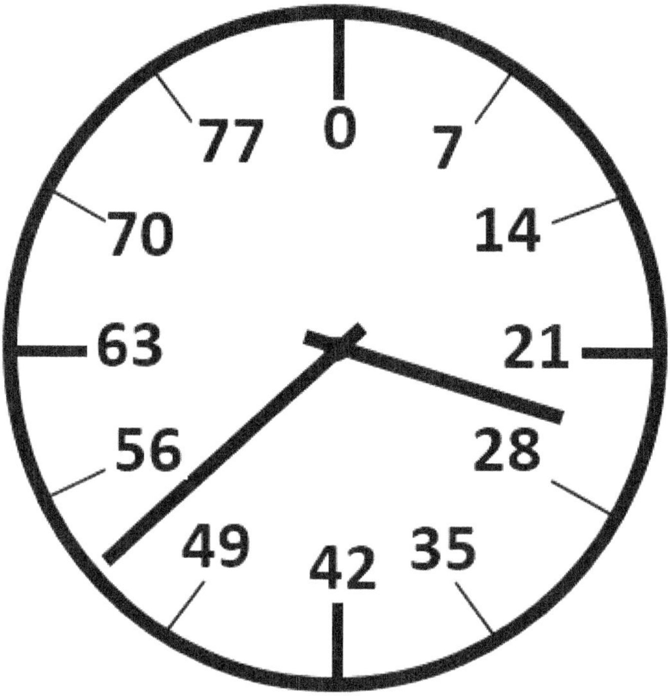

Ceci nous amène donc à une deuxième horloge de l'investissement, qui n'est rien d'autre que celle corrélée à la durée de votre vie. Comme vous l'avez déjà compris, la qualité d'un investisseur réside selon moi dans sa capacité à voir loin. Il est donc important de calculer selon la durée de vos crédits, le nombre de cycles d'investissements que vous pourrez réaliser dans votre vie.

La majorité des investisseurs vont dire qu'il faut essayer d'allonger au maximum la durée de leurs crédits pour avoir un meilleur rendement. C'est en partie vrai. Mais je ne pense pas de la même manière ou je ne vois pas le sujet sous le même angle. Le rendement sera meilleur, mais le coût total sera plus important (frais bancaires), les financements seront plus durs à obtenir, et le risque sera majoré.

De plus, un bon investissement ne tire pas de mon point de vue sa rentabilité grâce à l'allongement de la durée du crédit qui y est adossé, mais par le fait d'avoir acheté un bien immobilier en dessous le prix du marché, d'avoir résolu des problèmes sur ce bien pour le valoriser et enfin de l'avoir optimisé.

Tout le monde peut acheter un logement neuf et jouer sur la rentabilité à travers le crédit, mais si vous voulez être libre financièrement il ne faut pas penser comme tout le monde.

Préférez-vous obtenir quatre cent mille euros sur vingt-cinq ans ou un million d'euros en deux cycles de quinze ans ? Car, je peux vous assurer qu'à la fin de votre premier cycle d'investissement, vous pourrez lever beaucoup plus de fonds qu'au premier ayant de fortes garanties à travers votre patrimoine acquis, ce qui rassurera les banques.

Il est donc important de visualiser selon moi votre vie et d'y fixer des objectifs avec une stratégie planifiée. Vous ne pourrez pas emprunter indéfiniment sans rembourser vos biens, prenez donc bien en compte votre capacité d'endettement et la durée de vos crédits qui y sont adossés.

Néanmoins il n'y a pas d'horloge type, cela va dépendre de l'âge auquel vous commencez vos investissements et de vos objectifs. L'important est de réaliser sur papier votre horloge de vie, d'y placer votre point de départ et les objectifs à atteindre à différentes périodes de votre vie. Ces objectifs peuvent être un nombre de logements, des montants de loyers, ou une somme d'argent à posséder.

Il y a d'ailleurs des études qui montrent qu'une personne qui note ses objectifs par écrits et planifie son parcours de vie, le visualise, aura beaucoup plus de chance d'y parvenir. La plus connue des études est celle que je vais appeler, « les 3 % » et la question que je vais vous poser est, voulez-vous faire partie des 3 % ?

Je vous pose cette question, car une étude menée dans l'université de Harvard entre 1979 et 1989 a montré que le fait de fixer clairement ses objectifs sur son parcours de vie a un réel impact.

La question de départ de l'étude a été : « Avez-vous fixé des objectifs clairs et écrits pour votre avenir et planifié leurs accomplissements ? »

3 % des diplômés avaient écrit et planifié leurs objectifs, 13 % d'entre eux avaient des objectifs, mais ne les avaient pas écrits et 84 % n'avaient pas du tout d'objectifs.

Puis, dix ans plus tard, les anciens élèves ont été retrouvés pour connaître leur situation.

Il en est ressorti que les treize pour cent qui avaient des objectifs sans les avoir écrits gagnaient en moyenne deux fois plus que les quatre-vingt-quatre pour cent qui ne s'étaient pas fixés d'objectifs. Plus impressionnant encore, les trois pour cent des diplômés qui avaient des objectifs clairs et écrits gagnaient dix fois plus que quatre-vingt-dix-sept pour cent des diplômés.

Il est très important de garder à l'esprit que plus vous aurez planifié votre trajectoire de vie, plus les résultats seront présents.

J'ai réalisé ma propre horloge financière sur ma trajectoire de vie et je fais tout pour me tenir à mes objectifs. Je pense que cela a eu un réel impact sur ma situation d'aujourd'hui et vous invite ainsi à réaliser la vôtre.

Identifiez vos actifs/passifs. Quel montant de revenu passif voulez-vous atteindre ?

TROISIÈME PARTIE

COMMENT SE CONSTRUIRE UN PATRIMOINE IMMOBILIER

CHAPITRE 6

Étapes pour mener un projet immobilier à bien

Nous allons maintenant aborder une thématique qui j'en suis certain vous intéresse particulièrement, les étapes importantes pour mener à bien votre acquisition ! Pour rédiger cette partie sur papier, je me suis simplement remis dans des conditions d'acquisition de biens immobiliers et ainsi de visualiser ces différentes étapes.

Le début commence donc par la prospection, pour cela vous allez devoir choisir le secteur, la ville où vous allez investir. Votre recherche doit se concentrer dans une zone déterminée, que vous connaissez particulièrement bien. Si je prends pour exemple mes investissements, ils se situent tous dans une même ville. Car d'une rue à une autre la valeur des biens peut varier considérablement, d'où l'importance de bien connaître les lieux où vous voulez investir. Ainsi, rapidement vous éviterez de perdre de l'argent à cause d'une mauvaise estimation de la valeur locative de votre secteur cible.

Pour vous illustrer cela, j'ai en tête, une rue bien placée, entre la gare et le centre-ville. Cette rue d'apparence banale pourrait vite se transformer en guêpier ! En effet, habitué à passer dans cette rue, je sais que les maisons sont des colocations de personnes défavorisées avec une surpopulation dans les logements, ce qui entraîne de nombreuses nuisances. Si je n'habitais pas cette ville, je pourrais très rapidement passer à côté de ces informations et acquérir un bien à un prix trop élevé et qui aurait des difficultés à se louer.

Mon premier conseil est donc d'acheter dans une ville où vous vivez ou que vous connaissez parfaitement bien.

Dans un second temps il va falloir vous intéresser à la démographie de votre ville cible, son évolution. Il faut selon la zone géographique déterminer quel type de population vous allez cibler. En effet, chaque population aura des attentes différentes en type de logement.

Pour obtenir ces informations, vous allez faire des recherches sur internet et très rapidement en quelques clics vous allez accéder à une mine d'or d'informations.

La première information à trouver sera la répartition par tranche d'âge. Par exemple, ma ville est en majorité étudiante avec des primo travailleurs ce qui a très vite orienté mes recherches.

Puis, vous allez rechercher les catégories socioprofessionnelles qui peuvent vous orienter vers certains standings de logement.

Ensuite, il y a également le type et la composition des ménages : couple, personne seule, famille monoparentale, ce qui peut vous donner des indices sur le nombre de chambres à viser.

Par la suite vous allez pouvoir regarder les moyens de transport utilisés par la population dans votre ville pour leurs déplacements. Ces derniers peuvent vous orienter ou non sur la nécessité de stationnements à proximité de votre logement ou vers l'achat de parkings.

Enfin, dernière information quels types de résidences sont sur votre commune : en effet, la présence de nombreuses résidences secondaires peut vous interpeller et vous inviter à mettre en place de la location courte durée.

Toutes ces données sont publiques et accessibles il est donc important de les consulter afin de guider vos recherches sur les biens immobiliers en fonction de la population visée. Vous n'allez pas proposer le même logement à une personne à la retraite, à un étudiant, à une famille ou encore à des touristes. Les modalités de mise en location seront diverses en fonction de ces différentes populations : courte durée, logement nu, meublé.

Plus votre locataire cible sera identifié moins vous aurez à faire face à la vacation locative et par conséquent plus votre investissement sera réussi.

Il est également intéressant d'observer les principaux employeurs de votre ville, comme les usines, les hôpitaux ou encore les universités, etc. En effet si votre logement est proche de commodités de transport, comme un arrêt de tramway et que le trajet de ce dernier passe par ces bassins d'emplois, cela sera un véritable atout pour louer votre bien.

Vous avez donc identifié, à l'aide de ces différents éléments, votre population cible et une catégorie de logements pouvant répondre aux attentes de vos futurs locataires. Vous allez ainsi pouvoir concentrer vos recherches sur ce type de bien (studio, F1, F2...) et évaluer son prix moyen au m2.

Cela peut paraître paradoxal, mais ce n'est pas à la vente de votre bien que vous gagnerez de l'argent, mais à l'achat. Lors de cette recherche, il est donc important de laisser vos affects de côté et de vous concentrer sur les chiffres. N'achetez que si le logement répond aux critères fixés.

J'ai effectué de nombreuses visites, quoique le nombre reste limité par rapport à d'autres investisseurs, car je savais parfaitement ce que je recherchais. À de nombreuses reprises, les agents immobiliers me parlaient de la tapisserie, de la décoration. Je leur répondais assez rapidement que je ne mettais aucun affect dans ma recherche de bien. Je me contentais simplement de trouver un bien selon mes critères de rendement s'agissant d'un investissement ! Je ne voulais pas être distrait dans ma recherche et je vous conseille de vous en tenir à cette rigueur, que la tapisserie soit à votre goût n'augmentera en rien la rentabilité de votre investissement.

Pour connaitre les prix du marché, il vous faudra tout simplement consulter sans relâche les annonces de ventes de biens immobiliers et visiter.

Néanmoins, il y a une astuce que j'ai souvent utilisée pour évaluer la valeur d'un bien. Elle n'est rien d'autre que le site des impôts, qui pour cette fois, m'a fait gagner de l'argent sans mauvais jeu de mots.

Si vous vous rendez sur le site des impôts français et que vous entrez vos identifiants de connexion, vous allez pouvoir trouver une rubrique qui se nomme « rechercher des transactions immobilières » qui se trouve elle-même dans l'onglet « données publiques ». En sélectionnant comme motif de recherche « vente ou acquisition potentielle », vous allez pouvoir rentrer une adresse, une zone en kilomètre carré autour de cette adresse. Vous obtiendrez ainsi toutes les ventes effectuées dans cette zone selon la période sélectionnée, avec le prix au mètre carré et la surface correspondante. Quand j'ai trouvé cette rubrique, j'avais l'impression de gagner au loto ! J'ai arpenté les rues de ma ville sur le site internet pendant plusieurs jours. Autant vous dire que vous avez une idée plus que précise du prix de l'immobilier de votre ville à la rue près, ce qui est non négligeable.

Maintenant que vous avez une population cible avec le type de logement correspondant et une connaissance des prix du marché, vous allez donc pouvoir passer à la prospection.

De nos jours, rien de plus simple, Vous allez avoir accès en quelques clics, sur l'outil merveilleux qui est internet, à la quasi-majorité du marché immobilier. Vous allez pouvoir cibler vos recherches avec différents filtres très facilement.

Toutefois, il sera question à ce moment-là de vous démarquer dans vos recherches. Il faut donc penser aux sites avec moins de visibilité et par la même occasion moins de concurrence. À titre d'exemple, les notaires ont un site internet dédié qui est moins connu que différentes plateformes. Il est parfois intéressant d'y jeter un œil. En regardant régulièrement les annonces, vous observerez également que des annonces sont présentes sur plusieurs mois, voire des années. Il sera très intéressant de faire une offre sur ces biens, le moral du vendeur étant peut-être au plus bas, il y a de fortes chances pour que votre offre soit acceptée.

Vous avez peut-être également une agence immobilière locale qui a un site en ligne où certaines annonces ne sont pas référencées sur de plus grand site et donc moins visibles auprès des acheteurs potentiels. Vous l'aurez compris, ce qui est important, c'est de voir ce que les autres ne voient pas.

Une autre méthode qui m'a permis de faire ma meilleure transaction a été la déambulation. Le fait de simplement marcher dans votre ville et d'être à l'affût d'indices sur des biens à l'abandon ou susceptibles d'être vendus.

J'ai ainsi remarqué, au bout de plusieurs années de déambulations, un bien qui semblait correspondre à mes critères d'investissements. Après m'être renseigné auprès du service de publicité foncière des impôts de ma ville, j'ai pu obtenir l'identité du propriétaire et l'historique des prix de vente du bien immobilier. J'ai donc pu prendre contact avec le propriétaire et négocier le prix du bien en avançant le prix auquel ce dernier l'avait acquis. Le fait d'être le seul à avoir connaissance de la vente possible du bien est un sérieux avantage, éliminant toute concurrence. Bien entendu, cela fut une affaire conclue très rentable.

Si l'occasion se présente à vous, il vous suffira de remplir un formulaire auprès du service d'enregistrement des transactions immobilières et ainsi d'avoir tous les éléments pour effectuer une négociation réussie.

J'ai également fait des acquisitions grâce à des apporteurs d'affaires, qui ne sont rien d'autre que des personnes gravitant dans l'immobilier celles-ci ont avant tout le monde des informations concernant des opportunités immobilières.

Au moment où un bien immobilier est trouvé et semble correspondre à tous vos critères, il est indispensable de calculer la marge ou le Cash-flow.

Le Cash-flow est la somme qui restera sur votre compte une fois toutes les charges déduites.

Cela fait la différence entre une personne qui fera une ou deux acquisitions et une personne qui fera des dizaines d'acquisitions. Pour la simple raison qu'il vous faudra dégager une marge à chaque acquisition pour continuer à emprunter auprès des banques.

Vous devez donc vous fixer un montant de cash-flow à viser, un montant que vous pourrez mettre de côté à chaque fin de mois une fois votre mensualité de crédit payée.

Vous pouvez réduire ces objectifs au fil des acquisitions. Mais le rendement de vos premiers achats sera prépondérant pour pouvoir poursuivre votre évolution.

Une autre méthode pour calculer la rentabilité d'un investissement est le taux de rentabilité locative. Il s'obtient en divisant le loyer annuel par le prix du logement (achat + travaux + frais annexes) et en multipliant le résultat par 100.

Exemple : j'achète une maison 55 000 euros avec 5 000 euros de frais de notaire et 3 000 euros de frais d'agence ainsi que 12 000 euros de travaux à prévoir, pour un futur loyer de 500 euros mensuels.

Le calcul sera :
([500*12] / [55 000 +5 000 +3 000 +12 000]) *100 = (6 000/75 000) *100 = 8 %.

Plus ce pourcentage est élevé plus votre investissement sera prometteur.

Il faut également prendre en compte l'évolution de la valeur de votre patrimoine. Un bien prendra de la valeur dans le temps et d'autant plus s'il se situe sur un emplacement prisé.

Il est donc important de ne pas tout miser sur la rentabilité à l'instant présent. Un logement dans un secteur prisé sera plus onéreux, mais prendra davantage de valeur dans le temps et dégagera ainsi un bénéfice supérieur à la revente. On peut également parler de fluidité financière. En cas de revente ce sera plus simple de vendre votre bien.

Vous avez donc trouvé un logement et fixé le prix vous permettant d'avoir un cash-flow positif. L'étape qui suit est la négociation.

Je précise qu'il vous faudra procéder en toute circonstance à la négociation du bien qui vous intéresse et ne pas avoir peur de perdre le bien en faisant votre offre. J'ai négocié tous les biens que j'ai acquis et j'ai baissé leurs prix entre 20 % et 30 %. J'ai toujours été interpellé en observant des personnes se ruer dans les zones commerciales lors de promotions pour des vêtements, mais, par ailleurs, ne pas négocier l'achat de leur bien immobilier.

En négociant vos acquisitions, vous allez gagner des dizaines de milliers d'euros, ou plus encore. En quelques minutes, vous pourrez ainsi gagner une à plusieurs années de salaires. Cela serait quand même dommage de vous en priver.

Dans la négociation, la première étape est de bien connaître votre domaine. Car pour négocier, il faut des références. Ne me demandez pas d'aller négocier sur le marché aux poissons, car je ne connais rien au domaine de la poissonnerie. Je n'ai pas de connaissance sur les variétés de poisson et sur les prix du marché. D'où l'importance d'avoir étudié votre sujet avant d'entamer toute négociation.

J'utilise deux astuces pour amener à l'aboutissement d'une offre de prix dans le cadre d'une négociation. La première est l'utilisation de l'ancrage. Cette méthode va diriger la négociation sur un point de référence plus bas, d'où l'utilisation du mot ancrage qui vient de la représentation d'une ancre de bateau qui descend au fond de la mer. Le but est de déformer la réalité du vendeur et ainsi de le sortir de l'idée de prix de vente qu'il s'était fixé. En effet, la première offre servira de référence aux discussions ultérieures et va influencer les décisions prises de manière parfois non rationnelle. Ainsi, si je fais une offre, qui baisse le prix du bien que je convoite de quarante pour cent, le vendeur pourra s'esclaffer. Mais cette baisse servira de référence dans la négociation et pourra amener le vendeur à accepter après un ajustement une deuxième offre comportant une baisse de trente pour cent, car elle paraîtra plus raisonnable et acceptable par ce dernier.

La deuxième astuce est l'utilisation d'un chiffre complexe, cela a pour résultante une offre qui paraît savamment étudiée. Si je vous fais deux offres, une à 86 437 euros et l'autre à 90 000 euros ? Laquelle des deux vous paraîtra la plus réfléchie et la plus étudiée ? La première offre laissera penser que vous avez fait tous vos calculs de rentabilité pour pouvoir acheter le bien contrairement à la deuxième qui paraîtra comme tombée du ciel.

Dans la réalisation de ce processus, je vous conseille donc de faire une première offre inférieure à votre prix cible avec un ancrage très bas. Puis, d'amener le vendeur à faire une contre-offre. Dans le jeu du marchandage prévoyez quelques offres décroissantes avec des montants complexes, jusqu'à atteindre votre prix cible. Lors de la dernière offre, intégrer à cette dernière une caisse de champagne. Cela montrera au vendeur que vous n'irez pas plus loin et qu'il s'agit de la dernière occasion pour lui de conclure la vente.

Néanmoins, il ne faut pas oublier que la négociation est un échange entre plusieurs interlocuteurs. Elle repose ainsi, principalement, sur la communication. Une des qualités premières dans la communication est le respect.

Pensez-vous un instant qu'en rabaissant votre interlocuteur, vous allez pouvoir faire affaire avec lui ? Je vous le dis sans détours, non.

Un vendeur a souvent des émotions, des affects concernant le bien qu'il vend. En effet, un bien immobilier est un lieu de vie, un lieu chargé d'émotions. On ne change pas de maison comme de vêtements et ce dernier n'a peut-être pas voulu gagner de l'argent au moment de son acquisition quarante ans auparavant. Le bien avait pour le propriétaire des atouts qui lui permettait d'y vivre avec sa famille. Si vous commencez, en visitant les lieux, à critiquer le bien, le vendeur risque de prendre cela pour une attaque personnelle et de se fermer complètement à toute négociation.

Il faut donc être à l'écoute du vendeur, lui dire qu'il s'agit d'un investissement. Que, selon les prix du marché, les travaux à entreprendre et les sommes à emprunter, il sera difficile pour vous de rester dans votre budget. Il faut instaurer un climat de confiance avec votre interlocuteur afin qu'il ne se sente pas floué, lésé lors de cette négociation.

Vous pouvez également essayer de trouver des points communs avec votre interlocuteur, comme l'art, la musique, les animaux, l'histoire, etc. Un dicton dit « qui se ressemble s'assemble ». Cette phrase s'adapte parfaitement à la situation. Une personne sera toujours plus favorable à entamer un échange, une négociation avec des personnes qui ont des points communs avec elle. Prenez votre cas, si la possibilité de discuter avec deux personnes se présente à vous, irez-vous vers la personne qui partage la même passion que vous ou quelqu'un qui a des goûts opposés ? La réponse n'a pas besoin d'être écrite et tombe sous le sens.

J'ai fait l'acquisition d'un bien d'une personne qui avait des animaux. J'ai tout de suite partagé mon histoire avec les animaux et montré de l'intérêt pour cette personne et sa passion. Cette dernière s'est sentie valorisée, entendue, dans un climat de confiance, et ainsi nous avons trouvé un terrain d'entente sur le prix très rapidement.

L'approche sera par contre différente selon qu'il s'agisse d'un professionnel de l'immobilier ou d'un particulier.

Vous n'aurez pas besoin de prendre de gants avec un agent immobilier, celui-ci étant présent pour la même chose que vous, gagner de l'argent.

Faites-lui comprendre que vous serez amenés à le recroiser dans l'avenir et que de nombreuses transactions pourront être effectuées. De cette façon, l'agent immobilier sera plus enclin à défendre vos intérêts que celui du vendeur par le seul fait que vous lui rapporterez potentiellement plus d'argent.

Il faudra néanmoins être plus vigilant avec un professionnel, car ce dernier connaît les rouages du métier et pourra vite vous déstabiliser. Je peux vous citer par exemple un agent qui m'a juré avoir déjà le locataire dans son carnet d'adresses pour un logement en vente, m'incitant donc à acheter le bien les yeux fermés. Ou encore, un autre qui m'expliquait, pouvoir revendre un bien à acheter, le triple de son prix une fois quelques travaux effectués.

Une phrase à laquelle vous serez confrontés et qui sera redondante est « j'ai d'autres visites après vous, les personnes sont très intéressées et vont très probablement signer au prix d'achat ». L'agent immobilier va ainsi créer un sentiment d'urgence. Je vous rassure beaucoup de ces biens sont restés plusieurs mois en vente.

Il est donc très important de garder votre cadre et vos références en matière de chiffres pour ne pas être induit en erreur et ne pas céder aux chants des sirènes. Il faut avoir une décision rationnelle et non émotionnelle.

Il est ensuite important de connaître les raisons d'une vente. Le facteur important à prendre en compte est le degré d'urgence. Si une personne est prise à la gorge financièrement cette dernière ne sera pas en position de force à cause du risque de surendettement et les complications qui s'en suivent. Il est donc opportun de faire une offre de « la dernière chance » à ce moment-là.

Il y a aussi un motif que j'apprécie particulièrement : celui de l'héritage. En effet, nous n'attachons pas la même valeur à l'argent s'il est gagné par un dur labeur ou s'il tombe du ciel.

Si vous travaillez pendant une heure pour dix euros à retourner de la terre dans un champ sous la pluie et si je vous donne un billet de dix euros sans rien faire, je pense que ces deux billets n'auront pas du tout la même signification à vos yeux. Un héritage n'a donc pas autant de valeur qu'une épargne acquise pendant des décennies de dur labeur.

De plus, s'il y a plusieurs héritiers, par exemple trois, et que je négocie le prix de trente mille euros, cela reviendra pour chacun à une baisse de dix mille euros.

Il est donc plus facile, selon moi, de négocier lors d'un héritage. Je parle ici d'une expérience personnelle où j'ai fait, une de mes meilleures négociations.

Pour négocier le bien immobilier, vous allez devoir soumettre un prix. Pour cela vous allez faire ce que l'on appelle une offre d'achat. Mais qu'est-ce qu'une offre d'achat ? Elle va vous permettre de formuler votre prix pour acquérir un bien à des conditions que vous allez fixer par écrit. Cette dernière doit contenir un prix déterminé et un délai de validité. Je vous conseille de rester sur des délais assez courts, en général mes offres sont valables entre 48 et 72 heures. Si votre proposition de prix est acceptée par écrit par le vendeur, ce dernier est engagé jusqu'à la signature de l'acte authentique.

Mais comment formuler votre offre d'achat ? Elle doit contenir en premier lieu les informations concernant le vendeur et l'acquéreur : coordonnées, identité (numéro de la carte d'identité), signature manuscrite.

Viennent ensuite les informations concernant le bien : l'adresse du bien, le descriptif détaillé du bien, de ses équipements et annexes, l'existence d'une hypothèque ou d'une servitude. Il est également intéressant d'identifier la parcelle sur les cadastres. Cette dernière correspond à un numéro et une surface. Vous pourrez très facilement la trouver sur le site des cadastres du gouvernement.

Après avoir identifié clairement le vendeur et le bien immobilier, vous allez en tant qu'acquéreur exprimer votre accord mutuel sur un prix par écrit en toutes lettres et déterminer les conditions précises dans lesquelles la vente du logement s'effectuera.

Le fait de placer un maximum d'éléments dans l'offre d'achat permet de verrouiller l'engagement du vendeur. On ne vous reprochera jamais d'être trop précis, une inexactitude pourra au contraire vous coûter cher.

J'ai pour habitude d'effectuer des visites de biens qui m'intéressent potentiellement avec des exemplaires d'offres d'achats types. Laissant des blancs à remplir en manuscrit pour les données variables comme les prix d'achat, l'identification du vendeur, etc. Ce qui me permet de montrer au vendeur qu'il ne s'agit pas d'une offre en l'air et que je suis une personne sérieuse.

Si un accord est trouvé entre vous et le vendeur par offre d'achat, je vous conseille de faire un compromis de vente avant la signature de l'acte de vente définitif. Ce document n'est pas obligatoire, mais j'insiste devant l'importance de ce dernier.

Le compromis peut être fait par écrit par l'intermédiaire d'un agent immobilier ou d'un notaire. J'ai pour habitude de prendre un rendez-vous chez le notaire le plus rapidement possible pour engager un maximum le vendeur. Il peut en effet s'écouler plusieurs mois avant de signer un acte authentique chez le notaire.

Il sera important de préciser vos conditions suspensives dans le compromis, vous permettant à tout moment de sortir de la vente si nécessaire.

La première condition et la plus connue à laquelle il faut absolument penser est celle relative à l'obtention de votre crédit : « sous réserve d'obtention de crédit ». Cette clause suspensive est très importante vous permettant de vous retirer d'une vente si vous n'obtenez pas de financement.

Je place en deuxième condition, la clause d'obtention d'un permis de construire : « sous réserve d'obtention de permis de construire ». Si votre projet dépend de travaux, il sera important de le stipuler, votre projet pouvant tomber à l'eau à cause d'un refus de permis de construire.

Je reste vigilant concernant les servitudes. En effet, il se peut qu'un droit de passage entrave l'utilisation de votre bien. J'ajoute donc en général une clause de servitude : « sous réserve d'obtention d'un certificat d'urbanisme ne relevant pas de servitude concernant le bien ».

Enfin si vous avez un doute sur le fait d'acheter en nom propre ou en SCI, il est judicieux de placer une clause de substitution qui vous permettra de vous suppléer à travers toute personne morale ou physique.

Il existe de nombreuses conditions suspensives et il est important de fixer ces dernières en fonction de vos projets et de votre situation.

Il est bon de savoir que lors de la réalisation du compromis, vous allez avoir un paragraphe sur le délai d'obtention du crédit. Il peut être intelligent de mettre un délai d'obtention de crédit le plus long possible. Il se peut que vous ayez des difficultés à obtenir votre prêt et il serait dommage de perdre une vente à cause d'un délai trop court. Le délai standard est de 45 jours, je vous suggère de l'augmenter à 75 jours. Ceci est un élément à négocier, comme tous les précédents éléments énoncés. D'où l'importance d'avoir son propre notaire pour être représenté. Ce dernier va défendre vos intérêts.

Enfin, l'acheteur bénéficie d'un droit de rétractation de dix jours et peut l'exercer sans avoir besoin de justifier d'un motif particulier. Cela permet à l'acheteur de revenir sur sa décision sans aucune pénalité.

Contrairement à l'acheteur, le vendeur est quant à lui engagé à vendre son bien. Si le vendeur persiste à refuser la vente après prise d'engagement par écrit, l'acquéreur pourra en demander l'exécution forcée devant le tribunal de grande instance dont il dépend.

Cependant, vous aurez plusieurs mois à patienter avant d'être propriétaire du bien immobilier. Je vous suggère de métrer, mesurer votre bien et de préparer ce que je nomme l'optimisation du bien.

L'optimisation d'un bien est tout ce que vous pourrez apporter à ce dernier pour pouvoir améliorer sa valeur. Cela peut être en jouant sur la répartition des volumes, en cherchant des zones non exploitées comme les combles, ou encore en divisant une maison en plusieurs logements pour une colocation augmentant la rentabilité locative. Les optimisations à apporter seront propres au logement que vous allez acquérir. Vous allez en quelque sorte transformer les faiblesses du logement en force. Un logement mal agencé vous a peut-être permis d'avoir un bien en dessous du prix du marché et grâce à un réagencement du bien immobilier vous allez pouvoir le louer dans les prix hauts du marché.

Profitez donc de cette période d'attente pour faire des plans, préparer vos travaux si cela est nécessaire. Il est très rare de faire des affaires dans l'immobilier sans se relever les manches. Pour acheter moins cher que le prix du marché, il faudra à un moment donné régler des problèmes, ou du moins apporter une plus-value au bien immobilier.

Environ trois mois se sont donc écoulés et vous êtes officiellement, par signature de l'acte authentique, propriétaire d'un bien immobilier.

Vous avez donc mis en place l'optimisation de votre bien et allez passer à la recherche d'un locataire.

Je ne conseille pas de déléguer cette étape à une agence. J'ai pour ma part toujours géré mes locataires du début à la fin.

L'agence va premièrement vous prendre un pourcentage des loyers et donc diminuer votre rentabilité. Mais ce n'est pas ce qui me gêne le plus.

Il faut avoir conscience que du choix de votre locataire va dépendre la réussite de votre projet pendant quelques années. Il s'agit de plusieurs mois de labeur que vous allez remettre entre les mains d'autrui. Il ne s'agit pas ici d'être pessimiste ou alarmiste, mais de vous prémunir au mieux pour ne pas faire de ce projet un échec, mais une réussite totalc.

Un agent immobilier va peut-être avoir tendance à ne prendre en compte qu'une fiche de paie avec un montant en bas de page et toucher sa marge. Je ne mets pas tous les agents dans le même panier, mais c'est une réalité qui existe et qu'il faut prendre en compte.

Pour ma part, je n'ai jamais eu de retard de loyers, d'impayés ni même de dégradations de logement et je vais donc vous expliquer ma façon de procéder pour trouver des locataires modèles.

Je préfère vous dire que l'époque des affiches en carton sur les façades est plus que dépassée. Vous allez commencer par mettre des annonces sur des plateformes entre particuliers. Ces plateformes sont connues de tous et les agences immobilières placent elles-mêmes leurs annonces sur ces dernières.

Vous allez donc rédiger une annonce claire et précise avec un descriptif du logement et son prix de location. En fin d'annonce, vous allez écrire :

« Pour visiter le bien, premier contact par mail.
Merci d'inclure dans le mail le salaire mensuel net, le type de contrat de travail, les garants, le nombre de personnes qui occupent le logement. Joindre votre numéro de téléphone ainsi que votre nom. »

Le premier contact par mail va permettre de faire un premier tri sur les personnes réellement motivées. En effet, il faudra que ces derniers prennent le temps de vous écrire.

Le deuxième tri se fera sur la rédaction de la réponse, la présence de fautes d'orthographe, la prise en compte de vos demandes concernant la situation de la personne. Vous aurez à coup sûr ce genre de mail « *toujours dispo ?* » je ne conseille pas de donner suite à ce genre de message.

Vous allez ensuite vous diriger vers un type de contrat de travail, comme vous vous en doutez un CDI. Mais tous les CDI ne se valent pas. Un CDI d'une entreprise inconnue n'aura pas du tout la même valeur à mes yeux qu'un CDI issu de la fonction publique, ce dernier offrant une grande stabilité et sécurité.

Je préfère avoir un locataire avec un salaire faible dans la fonction publique qu'un locataire à haut salaire dans le privé. Pourquoi allez-vous me dire ? Car quelqu'un avec un fort salaire pourra s'acheter une maison et restera potentiellement moins longtemps, de plus le secteur privé offre moins de sécurité dans le temps et donc « expose » potentiellement plus à un impayé.

Pour éviter un impayé, il ne faut pas négliger le critère des garants. En effet, une parenté directe est plus que souhaitable avec des contrats de travail issus du même principe que pour le locataire. Lors des visites, je suis attentif à la présence des garants. Cela montre qu'ils sont investis dans le projet de la personne et cela engagera d'autant plus le locataire à ne pas avoir de dettes auprès de ces derniers.

Lors de la visite, vous allez pouvoir vous faire une idée de la mentalité de la personne et de son comportement. Une personne organisée, propre, respectueuse, ponctuelle est à privilégier. J'ai parfois même offert des rabais sur les loyers pour capter ces locataires modèles si de plus leur cursus ou projet offrait une stabilité dans le temps. Ce qui m'a permis d'éviter des périodes de vacations et des démarches de recherche de nouveaux locataires.

Les visites vous permettront également de déceler des pièges. J'ai un exemple très frappant à vous partager.

Un candidat à la location écrit un mail se présentant comme professeur de lycée.

Lors de la visite, ce dernier se présente en retard, ce qui est étonnant pour un professeur ! Je me rappelle même avoir fait un trait d'humour en lui disant « donnez-moi votre carnet je vais mettre un mot à vos parents ! ». J'avais pu lire un léger rictus sur son visage quelque peu gêné. Ce dernier bien que courtois et poli, n'avait pas le comportement d'un professeur, ni les codes vestimentaires, ce qui m'avait interpellé. Je poursuis néanmoins normalement la visite et ce dernier me remet ensuite les documents justifiant de sa situation.

J'aurais pu me contenter de lire les documents en diagonale et lui louer le logement. La bonne question est donc comment vérifier la situation d'un candidat à la location de votre logement et ainsi éviter de nombreux problèmes ?

La première solution est parfois toute simple : contactez l'employeur de la personne en lui expliquant que ce dernier est susceptible de vous louer un logement et que vous souhaitez vérifier sa situation. J'ai donc pu vérifier la situation de la personne en contactant le lycée où le locataire disait exercer, mais il n'en était rien. Est-ce qu'il s'agissait d'une erreur sur le nom de l'établissement ?

Le doute concernant la réelle situation de cette personne se faisait de plus en plus grand. J'ai donc procédé à une étape qu'il est important de ne pas oublier, la vérification des déclarations de revenus. Cette étape est impossible à frauder s'agissant de données du gouvernement.

Dans le cas présent, le numéro fiscal ne menait à rien, il s'agissait donc de faux documents !

Lors des visites, vous allez demander aux candidats, les trois dernières fiches de paie, le contrat de travail, la dernière déclaration de revenus auprès des impôts et une photocopie de la carte d'identité. Et l'équivalent pour les éventuels garants. Vous pouvez compléter cette liste avec les justificatifs de scolarisation s'il s'agit d'étudiants, et les taxes foncières si ces derniers sont propriétaires.

Avec le numéro fiscal et la référence de l'avis présent sur la déclaration d'impôt transmise, il vous faudra regarder sur le site des impôts l'exactitude des données via le service de vérification des avis en ligne.

Ainsi vous aurez le montant exact déclaré par cette personne aux impôts, et pourrez vérifier la concordance avec les fiches de paie et l'identité de la personne.

Nous avons de nos jours tous les outils nécessaires pour vérifier très rapidement l'exactitude des informations transmises par les locataires. Un impayé relève souvent d'une mauvaise sélection et d'un manque de sérieux dans les démarches effectuées par le propriétaire.

Vient ensuite la rédaction du contrat de location et de l'état des lieux. Vous allez pouvoir trouver sur internet des exemplaires de contrats de location et d'état des lieux types. Je vous conseille de rester vigilant sur la prise en compte de l'évolution des lois et de ne pas utiliser un contrat obsolète. Soyez également attentifs, il faut faire attention à l'utilisation d'un contrat de bail adapté à votre mode de location. À titre d'exemple, les contrats de location ne sont pas les mêmes pour les logements nus et meublés. En cas de doute, je vous suggère de faire appel à votre notaire et ainsi de vous prémunir au maximum.

Je ne vais pas m'étendre sur ce passage, et plutôt vous divulguer l'état d'esprit à transmettre à votre locataire pour éviter tout désagrément lors de la remise des clés.

Lors de l'état des lieux à la fin duquel vous allez remettre les clés du logement à votre locataire, il faut véhiculer du sérieux, du précis, et faire comprendre à ce dernier qu'il ne s'agit pas d'un simple bout de papier. Soyez donc appliqués dans sa réalisation afin que vos locataires se rendent compte qu'ils ont des engagements à tenir. Qu'il n'est pas question de rendre un logement en mauvais état et de ne pas tenir ses engagements.

Si je n'ai jamais eu de problème d'impayés ou de retards de paiement, ce n'est pas par chance, mais simplement dû à une rigueur dans mes démarches effectuées ainsi qu'une attention particulière dans le choix de mes locataires. En vous lançant dans l'immobilier si vous voulez évoluer et enchaîner les acquisitions, vous serez comme à la tête d'une petite entreprise. Vous pouvez déléguer, mais il sera difficile de transmettre les processus à établir, votre expérience acquise dans le temps et surtout votre intérêt. Par intérêt, je veux dire qu'il s'agit de vos biens et qu'une agence ou quiconque ne partagerait pas la même ardeur pour mener la réussite de votre projet.

Quels sont vos logements cibles? Objectifs de cash-flow?

CHAPITRE 7

Passer à l'action : les moments marquants de mon histoire immobilière

Je vais maintenant évoquer avec vous les moments marquants de mon histoire immobilière personnelle. Cette histoire n'est pas un conte de fées et ne commencera donc pas par « Il était une fois », bien que pour moi l'immobilier ait été comme un coup de baguette magique dans ma vie.

Je vais plutôt commencer cette histoire avec un simple « pourquoi ? » Pourquoi se lancer dans l'immobilier ? Dans quel but ?

Je suis fraîchement diplômé. Je commence dans la vie avec un salaire légèrement au-dessus du SMIC et je comprends rapidement que je viens de signer un contrat pour toute une vie de galère.

« Galère » dans le sens où j'aurais à peine de quoi payer mes loisirs à la fin de chaque mois et que l'argent serait « synonyme de manque » toute ma vie. J'avais de plus à répondre à des contraintes, travailler les nuits, les week-ends et les jours fériés pour obtenir ce maigre salaire. Je me refusais d'échanger mon temps, « ma vie » contre cet argent.

Mon pourquoi, a donc été de me sortir de ma condition sociale. Si vous n'identifiez pas votre « pourquoi » vous ne puiserez jamais assez d'énergie au fond de vous pour passer à l'action.

Mais dans quel but ? Dans le but de redonner du sens à ma vie, de pouvoir décider de me lever ou non le matin, de pouvoir décider de passer du temps avec mes proches et les personnes que j'aime, de pouvoir dépenser pour des loisirs ou des passifs de mon choix. Je ne voulais pas avoir à m'inquiéter de l'état de mes comptes bancaires à la fin de chaque mois.

Il est important de se sonder intérieurement et de comprendre ce qui a vraiment de l'importance à nos yeux et par quel moyen nous pouvons atteindre cet idéal de vie, ou même ce rêve.

Toutefois, il faut avoir une franche détermination pour dire non, dire non à ce mode de vie qui est le quotidien de la grande majorité des personnes.

J'ai connu bien des personnes avec des professions respectables se plaindre de leur quotidien, devoir se lever le matin, ou d'une manière plus générale de devoir subir les contraintes liées à leurs professions, avouant à demi-mot, un rêve ou un idéal de vie tout autre.

Quelle est la valeur de la vie si l'on ne tente pas de réaliser ses rêves ?

Mon fardeau ou ma chance a été de voir le côté fragile de la vie, et sa brièveté. Je me suis dit qu'il fallait foncer, sortir de ma zone de confort.

Cela étant dit, après le pourquoi, vient très vite le « comment ? »

Je me suis donc demandé comment sortir de cette condition sociale et j'en suis venu à la conclusion que n'ayant pas d'argent à investir, j'allais devoir recourir à l'emprunt. Or, les banques prêtent facilement de l'argent dans un actif qui est l'immobilier.

Me voilà donc gonflé à bloc, des étoiles plein la tête. Ce lancement se fait donc un peu du jour au lendemain, à l'aveugle. J'avais, comme vous vous en doutez, beaucoup moins de connaissances qu'aujourd'hui et j'ai par chance fait un achat très formateur et rentable dès mon premier investissement.

Très formateur dans le sens où j'ai vite compris que j'allais pouvoir ranger la baguette magique et sortir la boite à outils !

Par conséquent, vous avez bien la confirmation qu'il ne s'agit pas là d'un conte pour enfants, mais bien de ma vie. Ce premier projet ne s'est donc pas fait en un claquement de doigts.

Ce n'est pas un euphémisme, de vous dire, que de la sueur a coulé le long de mon front pour parvenir à la situation à laquelle je me trouve aujourd'hui.

Lors de mon lancement, je me suis vite rendu compte que je n'avais clairement pas les moyens d'acheter un immeuble ou des biens en bon état et déjà loués, où il me suffirait de signer en bas de page pour entamer cette belle aventure.

Celle-ci a donc commencé par un bien à rénover de la cave au grenier, avec un projet audacieux pour démarrer, diviser un bien en quatre logements.

Ce qui je l'admets est assez cocasse, ou proche de la folie lorsqu'on ne sait même pas planter un clou. J'ai de nombreuses anecdotes que je pourrais vous faire partager, comme celle où après avoir fait un mur pendant plusieurs jours, je me suis rendu compte que ce dernier n'était pas stable. Ce dernier s'est écroulé sur lui-même, ce qui me fait heureusement maintenant sourire.

Ce qui a fait de ce projet une réussite a été la vision du projet. Il m'a permis d'apprendre à chercher les pistes de sentier, les chemins de traverse pour atteindre la rentabilité et percevoir du bout des doigts la liberté financière.

Le premier chemin de mon apprentissage a été d'apprendre à rénover de mes mains. J'entends souvent dire : « ne faites pas les travaux par vous-mêmes c'est une perte de temps ».

En effet, j'ai mis plus de deux ans pour créer ces quatre logements, jonglant entre mon travail et les rénovations.

Si vous avez une forte somme d'argent ou de très hauts salaires, je suis d'accord, vous allez perdre du temps. Mais si comme moi vous avez des revenus standards, à quoi sert-il d'aller plus vite si vous ne pouvez plus recourir à l'emprunt bancaire après votre projet, étant endetté au maximum ? Il ne s'agit pas là de faire un sprint, l'investissement c'est une course de fond. Et je vois déjà les plus malins en fond de salle s'exclamer, oui, mais le déficit foncier. De l'argent dépensé reste selon moi de l'argent perdu même si, certes, vous allez pouvoir en récupérer une partie sur vos impôts, mais cela dépendra surtout de la situation de chacun.

Pour ma part, je préfère perdre six mois à rénover un bien et économiser sur mon taux d'endettement plutôt que déléguer cette tâche et être bloqué à la fin de mon projet ou au suivant.

De plus, il peut être judicieux de savoir faire des travaux dans l'entretien de ses biens immobiliers. Je préfère être honnête avec vous. Plus vous allez acquérir de biens, plus votre téléphone sonnera pour réparer diverses choses. Si vous devez faire appel à chaque fois à un professionnel, préparez-vous à mettre la main au portefeuille.

Et quand bien même vous faites appel à des professionnels, il est utile d'avoir une expérience dans le domaine pour suivre le bon déroulement des travaux.

Il est donc, pour moi, opportun de commencer en faisant soi-même pour commencer pour des raisons économiques, évitant ainsi des coûts supplémentaires. Et ensuite pour se former pour l'entretien et le suivi futur de plus grands projets.

Un deuxième chemin de mon apprentissage a été celui d'apprendre à optimiser un bien. Ne croyez pas qu'en achetant un bien clé en main vous allez dégager de l'argent à la fin du mois. Si vous voulez gagner de l'argent, il faudra vous démarquer des autres et faire appel à votre ingéniosité.

Je vais prendre un exemple un peu invraisemblable et radical. La mode en ce moment est au logement en location courte durée. Pour moi, ce mode de logement reste très chronophage et peu rentable lorsqu'il est délégué, générant par la même occasion beaucoup plus de complications. Mais si vous voulez vous démarquer, pourquoi ne pas louer un logement avec des prestations

« haut de gamme » à l'heure plutôt qu'à la journée ? Comme un moment de détente pour les personnes de passage qui veulent sortir de leur quotidien l'espace d'un instant ou pendant une pause dans leur journée de travail.

Je préfère vous préciser que je n'ai pas testé ce concept ou cette niche, mais qu'il s'agit là d'une idée comme une autre, mais une idée qui se démarque de la masse.

Là où tout le monde verra une maison, vous verrez plusieurs studios, un espace de coworking, des bureaux, etc.

Ce projet a donc fini par être un succès, générant ainsi quatre loyers dès mon premier investissement, ainsi mes revenus locatifs se hissaient au niveau de mes revenus salariaux en seulement une acquisition. C'est comme faire un rêve, recevoir une grosse claque, se réveiller et se dire que ce rêve est en train de devenir réalité.

Après ce projet, il m'a fallu quelques années pour me motiver afin de repartir à l'assaut de l'investissement, il est facile de se complaire dans sa situation et de se dire que cela est suffisant. Mon objectif premier étant simplement de pouvoir arrêter de travailler et d'obtenir un simple salaire pour ne plus avoir à me lever le matin.

Avec les années, j'ai compris que je ne pouvais penser seulement à moi et que j'aurais une famille à mettre à l'abri de tout aléa. Je me suis donc décidé à repartir à la conquête de la liberté financière.

Les débuts ont été difficiles et je ne trouvais pas de bien dans mes critères de rentabilité, je cherchais sans relâche jusqu'à tomber sur une maison bien située proche du centre-ville, dans un secteur prometteur.

J'ai donc, après négociation, acquis ce bien. Mais cet achat aurait pu se transformer en cauchemar pendant plusieurs années… quelle fut mon erreur ? D'être aveuglé par l'affaire à saisir sans me préoccuper des habitants adjacents.

En effet, après avoir acquis cette maison je me suis vite rendu compte que le locataire de la maison adjacente générait de nombreuses nuisances. Il s'agissait d'une personne vulnérable qui laissait aller et venir de nombreux marginaux dans son domicile entraînant nuisances olfactives et sonores. Je ne vais pas rentrer dans les détails, mais lorsqu'une dizaine de personnes vit dans cinquante mètres carrés sous l'influence de divers stupéfiants et alcool, le quartier est vite mis au « parfum ».

Cet investissement a donc été riche d'apprentissages et c'est pour cette raison que je le partage avec vous. Cela peut paraître évident, mais soyez attentifs à l'environnement du bien que vous allez acquérir. Je me suis moi-même mis des œillères et je suis passé à côté de ce prérequis.

Autre enseignement, comment transformer un obstacle en aubaine ?

Maintenant que ce bien était acquis et qu'il y avait tous les éléments pour faire de cet investissement une réussite, il était hors de question pour moi de renoncer à la réussite de ce projet. Je suis donc entré en croisade afin de ne plus subir les nuisances du locataire adjacent et de pouvoir louer mon logement à sa juste valeur.

Ma première action a été d'alerter l'organisme tutélaire de ce locataire sur la situation de faiblesse et la dangerosité de la condition dans laquelle il se trouvait par de multiples appels puis email, relevant les nombreuses situations dont j'étais témoin.

Ces actions ne suffisant pas, j'ai effectué une pétition auprès de la mairie de la ville dans laquelle je me trouve. Après rédaction d'un texte poignant, j'ai arpenté les rues du voisinage pour récolter des signatures, qui se sont élevées à une cinquantaine pour les soumettre à la mairie.

Cette action a apporté une accalmie transitoire, mais les nuisances étaient toujours présentes. Je me suis donc mis à la recherche des coordonnées du propriétaire, puis après explications avec ce dernier de la situation par email appuyé de la pétition et rappel des risques encourus par les propriétaires d'un logement insalubre qui n'est rien d'autre qu'une peine de prison, ce dernier s'est empressé de me recontacter pour trouver un terrain d'entente et éviter toutes poursuites pénales.

J'ai très rapidement compris que j'étais en situation de force et j'étais prêt à transformer ces mois de labeur en « pépites d'or ». J'avais posé ma condition auprès du propriétaire. La seule façon de me faire arrêter cette procédure était la vente du bien à nulle autre personne que moi-même, bien sûr à un prix négligeable.

Le propriétaire a accepté mon offre et j'étais maintenant propriétaire de deux biens immobiliers supplémentaires acquis à un prix bien en dessous du marché grâce à cet obstacle que j'avais transformé en aubaine.

J'ai par la suite fait le nécessaire pour me libérer du locataire et j'ai pu louer les deux biens après rénovation et générer un cash-flow très positif.

Cet investissement m'a appris qu'aucun obstacle n'est insurmontable et qu'avec de l'adversité, nous pouvons transformer l'infortune en fortune au sens propre comme figuré.

Le dernier investissement que je vais aborder avec vous et qui est riche d'apprentissages est le cas d'un immeuble. Quelques années auparavant, je n'aurais jamais imaginé pouvoir acquérir un bien avec cette dénomination, symbole pour moi de richesse et de réussite.

Paradoxalement, cela était l'un des achats les moins contraignants jusqu'à aujourd'hui. L'avantage quand on achète un immeuble est qu'un plus grand volume offre souvent un prix moindre au mètre carré et que les acheteurs potentiels sont moins nombreux. En effet, une maison intéresse beaucoup plus de monde notamment les personnes cherchant à se loger, contrairement à un immeuble qui est destiné aux investisseurs.

Mais la difficulté de cet investissement était de lever des fonds et donc d'obtenir un emprunt. Après avoir sollicité ma banque qui m'avait offert la possibilité d'un prêt sous réserve d'un apport que je ne possédais pas, je me préparais donc à me diriger vers d'autres établissements bancaires pour obtenir un financement.

Étonnamment, je n'étais pas inquiet et je me suis en conséquence dirigé vers d'autres établissements bancaires pour ne pas dire tous les établissements, mais aucun ne donna suite. Devant cette impasse, mon adversité a de nouveau joué en ma faveur, je me suis rendu dans un autre établissement du même groupe où j'avais obtenu mes financements précédents. Je me suis plaint de la gestion de ma dernière demande de financement et j'ai demandé à avoir un autre interlocuteur en mettant en avant le fait que j'avais trouvé une banque qui allait m'octroyer le crédit. J'ai également formulé l'idée que non sans « une grande déception » pour ma part, j'allais peut-être être obligé de clôturer plusieurs contrats notamment d'assurance, avec leur établissement pour pouvoir accéder à ce financement. Ce qui était bien évidemment faux puisque je n'avais aucune banque qui voulait me suivre… L'audace a payé puisqu'un appel téléphonique de cet établissement du même groupe que celui dont je dépendais, m'a permis de décrocher un rendez-vous avec le directeur et ni une ni deux d'obtenir mon financement avec des conditions presque idéales.

Cet investissement m'a donc de nouveau appris à prendre un chemin de traverse. Il ne faut pas avoir peur pour obtenir ce que vous voulez ; « si la porte est fermée, passez par la fenêtre. » À travers ces acquisitions, j'ai appris énormément de choses sur l'investissement immobilier et ainsi j'espère vous avoir transmis un état d'esprit qui pourra vous être utile à votre tour.

Êtes-vous prêts à vous dépasser et prendre des chemins de sentier ?

CHAPITRE 8

Pièges à éviter dans l'immobilier

Le rendement

Mon vécu dans l'immobilier m'a permis d'identifier quelques pièges à éviter et je ne vais pas m'éterniser pour vous en faire part. Le premier critère qui peut, selon moi, être un piège est le mot « rendement ». En effet, les agents immobiliers vont vous parler des rendements et vous les « lancer au visage », « ce logement a un rendement exceptionnel de dix pour cent, voire quinze pour cent ! », mais que se cache-t-il derrière ce mot ?

En financement, le taux de rendement dégagé par un investissement, un placement ou une opération financière est le rapport entre le revenu obtenu et la mise de fonds initiale. En clair quel pourcentage de votre mise allez-vous récupérer sur une année ?

Il faut, pour commencer, ne pas prendre pour argent comptant un taux de rendement juste parce qu'il est indiqué dans le cadre de la vente mais bien calculer par vous-même ce dernier.

Ensuite, il vous faut distinguer un taux de rendement brut, net, ou encore net d'impôt.

Un taux de rendement brut va comprendre le prix d'achat avec les frais d'acquisition comme les frais de notaire, les frais d'agence.

*(Loyers annuels/le prix d'achat frais inclus) * 100.*

Viennent ensuite le rendement net de frais et charges : il faudra tenir compte des charges à supporter, comme d'éventuels travaux à mettre en œuvre, les frais liés au crédit, les éventuels frais de gestion et de copropriété, ou encore les frais d'assurance. Comme vous pouvez le voir, un taux net peut déjà varier entre les différents éléments retenus.

*([Loyer annuel – frais et charges]/[Prix + frais d'achats]) * 100.*

Puis, pour les plus pointilleux, il y a le calcul net d'imposition. Comme il est indiqué dans l'intitulé, il faudra également prendre en compte l'imposition qui résultera de vos loyers encaissés et la taxe foncière du logement.

*(Loyers annuels - [frais et charges + taxe foncières + impôts liés aux revenus de votre achat])/(Prix + frais d'achats) * 100.*

Ainsi, vous allez pouvoir relativiser les taux affichés, comprendre ce qui se cache derrière les chiffres et même utiliser cet argument pour négocier le prix. Il n'est en effet pas rare de voir des taux de rendement affichés qui sont erronés.

Les émotions

On a très vite fait de s'emballer dans un projet, de faire des projections trop « rêveuses ». Le maître mot de l'investisseur est et devra rester, « le sang-froid »!

Je vais développer l'idée, mais il ne s'agit pas de s'emballer à la première lecture d'une annonce et de faire une offre d'achat par email.

Plus raisonnablement, lors d'une une visite, que le logement vous sied est un bon début, mais vous ne devez en rien vous baser sur le fait qu'il vous plaise pour décider de vous positionner sur cette acquisition. Il faudra rester rationnel et non émotionnel. Dans ces moments d'emballement, les chiffres seront vos amis. Reprenez calmement les données de votre étude de marché et posez-vous les bonnes questions. Le bien immobilier est-il en dessous des prix du marché, prix au m2 ? Le secteur répond-il à vos critères de recherches ? Est-il adapté à votre locataire cible ? À quel montant s'élève les travaux à effectuer ? Quel cash-flow allez-vous pouvoir dégager mensuellement ?

Ainsi vous aurez tous les chiffres et toutes les données pour prendre la bonne décision et ainsi éviter les erreurs de jugement.

De plus, il ne s'agit pas de montrer un surcroît d'intérêt au vendeur ou à son intermédiaire, ce qui risquerait de mettre à mal votre future négociation. Il est évident qu'on ne va pas faire une remise sur le prix à quelqu'un qui dit vouloir absolument le bien.

L'urbanisme

Je ne compte plus le nombre de fois ou des agents immobiliers me targuent l'argument : « vous allez pouvoir diviser ce bien et percevoir plusieurs loyers et ainsi avoir une rentabilité exceptionnelle ».

Je vous dis grande prudence, dans la grande majorité des villes diviser des biens et donc créer des logements avec des compteurs indépendants nécessite la création de places parking qui sont délimitées par des dimensions précises. Le nombre de places parking sera variable selon votre commune et je vous invite à vous rapprocher du service d'urbanisme de votre ville et de consulter le PLU (plan local d'urbanisme).

À titre d'exemple, j'ai déjà eu un projet qui n'a pu aboutir pour motif d'un refus de l'urbanisme. J'avais l'espace nécessaire pour créer les places de parking, mais il y avait une clause dans ma commune d'un pourcentage minimum de parcelles en espace vert. Or, après réalisation de ces places de stationnement, je n'avais plus la superficie requise en espace vert. Heureusement, j'avais inséré une clause de rétractation d'obtention de permis de construire dans le compromis de vente et j'ai pu ainsi me libérer de ce projet devenu impossible.

Cet aspect est très réglementé et il ne s'agit pas de vous lancer sans avoir monté un dossier préalable et avoir l'aval de l'urbanisme. Au risque d'une très forte amende ou même d'une impossibilité de louer vos logements.

Les lois incitatives dans l'investissement locatif

Certaines personnes vont penser faire une bonne affaire en investissant dans des projets qui ont pour but une réduction d'impôt. Je peux citer à titre d'exemple les achats sur plan où nous pouvons retrouver des avantages fiscaux type loi Pinel.

L'argument premier de ces vendeurs de projets est la réduction de votre imposition, mais dans les faits, vous allez acheter un bien le plus souvent au-dessus du prix du marché. Une fois les années de défiscalisation écoulées, vous allez vous retrouver avec une majorité des propriétaires de votre immeuble ou lotissement qui voudront se séparer de leur bien.

Or, ce qui fait le prix c'est l'offre et la demande, que va-t-il se passer si plusieurs biens du même type sont en vente en même temps ? Une baisse des prix ! Vous aurez donc acheté plus cher que le prix du marché et vous devrez vendre au prix bas, le tout le plus souvent avec un cash-flow négatif le long de la possession du bien.

Il est donc préférable de ne pas s'engager dans un investissement qui a pour seul argument de réduire vos impôts. Pour avoir un bon investissement, il faut compter sur un bon cash-flow et non sur une baisse d'impôt qui n'est que transitoire.

Le vendeur

La personne qui va vouloir vous vendre un bien immobilier est par définition un vendeur. Il va donc chercher à vous persuader d'acheter sa propriété et pour cela vous dire ce que vous voulez entendre : surévaluer les caractéristiques du bien ou parfois même vous cacher certains aspects sur ce dernier.

On peut appeler ça un mensonge par omission, c'est-à-dire d'oublier certaines choses volontairement.

C'est donc à vous d'être à la recherche de renseignements sur le logement, de poser les bonnes questions et de lire entre les lignes.

Vous avez, par exemple, les extensions réalisées à l'arrière des maisons. En effet, il peut s'agir d'extensions réalisées sans permis de construire pour échapper aux impôts ou contourner les règles inscrites dans le plan d'urbanisme de la commune. Cela peut être lourd de conséquences pouvant entraîner après acquisition du bien une démolition de cette extension. Un simple passage sur le site des cadastres donne un visuel sur la parcelle et la surface construite déclarée.

Exemple plus subtil, mais très fréquent, les surfaces des logements sont souvent surestimées, or cela va fortement influencer le prix qui est basé sur un prix au mètre carré. Mon œil est maintenant aguerri et j'arrive assez facilement à estimer une surface, mais vous pouvez tout simplement prendre un mètre avec vous pour mesurer le logement, c'est une technique simple et infaillible.

CHAPITRE 9

Faire banquer les banques : comprendre les mécanismes du crédit immobilier

Faire banquer les banques, cette phrase m'a marqué l'esprit et ne s'éloigne jamais vraiment longtemps de mes pensées. Lors de l'une de mes acquisitions, j'ai fait une rencontre avec un vendeur qui fut brève, mais riche d'apprentissages.

Il s'agissait d'une personne qui se déplaçait dans une grosse berline avec chauffeur. Il était âgé d'environ soixante-cinq ans, d'un physique plutôt chétif et d'une démarche tremblante.

Naturellement, j'ai tout de suite interrogé cet homme sur son parcours immobilier afin de m'imprégner de ses connaissances. Ce dernier, après avoir vu mon intérêt pour ce qu'il avait pu accomplir, m'a confié avoir détenu jusqu'à cent lots.

J'étais impressionné, qui ne rêve pas un jour d'avoir un tel patrimoine, il ne s'agit pas d'acheter quelques biens au petit bonheur la chance, mais de réellement avoir un sens aiguisé des affaires.

Mon intérêt pour cette personne ne faisait que croître au fil de l'échange et une question me brulait les lèvres, comment avait-il pu faire pour se constituer un tel patrimoine ? Je lui ai donc demandé mot pour mot « quel est votre secret ? » Il m'a souri et à dit, « faire banquer les banques ! » J'ai alors marqué un temps d'arrêt..., y avait-il un sens caché dans cette phrase, que voulait-il dire ? Je lui ai donc répondu quitte à avoir l'air un peu niais, « faire banquer les banques c'est-à-dire ? » Et il m'a répondu exactement la même phrase avec autant d'intensité, « faire banquer les banques !! » autant vous dire que cette phrase m'a longtemps fait cogiter.

Cet investisseur chevronné a changé mon regard sur les banques. Avec du recul, je pense qu'il cherchait simplement à me dire qu'un investisseur dépend des banques et qu'il faut tout faire pour s'endetter un maximum. Pour lui, le fait d'avoir de l'argent des banques par le biais du crédit revenait à vider les banques à son profit !

Nous allons donc voir comment faire banquer les banques !

Tout va donc débuter par la tenue de vos comptes. En effet aujourd'hui tout le monde possède un compte dans un établissement bancaire, ce dernier va être votre carte d'identité financière auprès de ces établissements.

Il va permettre à ces derniers de vous étiqueter, de vous mettre un score auquel s'apparente un risque. Car la banque qui vous prête de l'argent va bien sûr vouloir être garante de pouvoir récupérer cette somme avec ses intérêts d'emprunts. Afin de faire de cette opération financière une réussite et ne pas avoir un manque à gagner de plusieurs centaines de milliers d'euros.

Comment avoir une bonne étiquette auprès des banques allez-vous me dire ? Vous allez devoir avoir ce que j'appelle une gestion de bon père de famille de vos comptes.

Ce qui va rassurer les banques c'est une certaine stabilité financière, c'est-à-dire qu'il ne s'agit pas de faire des dépenses inconsidérées, de vivre au-dessus de ses moyens. L'idéal sera donc d'épargner régulièrement de l'argent, et de mettre « un matelas » de sécurité financière sur vos comptes.

Sachez que les banques sont très attentives à la tenue de vos comptes. Un retrait en liquide près d'un casino, ou encore faire des paris sportifs sur internet ne passeront pas inaperçus et cela jouera bien sûr en votre défaveur. Car, cela s'apparentera, pour la banque, à un risque de perte d'argent et de mauvaise gestion.

Il ne s'agit également pas de faire des crédits pour vous acheter une voiture ou le dernier téléphone à la mode. Paradoxalement, vous obtiendrez très facilement ces crédits à la consommation et il vous en coûtera très cher en contrepartie.

Votre tâche, pour faire banquer les banques, va donc commencer par donner à ces établissements la meilleure image possible de vous-même.

Pour cela, il faudra donc analyser vos relevés de comptes et regarder quels aspects vous allez pouvoir améliorer. Par exemple, diminuer les budgets shopping, renégocier vos abonnements téléphoniques ou internet, clôturer vos prêts à la consommation, revendre vos passifs, plus globalement diminuer vos charges mensuelles et augmenter votre capacité d'épargne.

Il faut avoir à l'esprit qu'une banque lors d'un financement va vous demander vos trois derniers relevés de comptes. Un investissement peut donc se préparer à l'avance en diminuant au maximum ses dépenses les trois mois précédents une acquisition.

Un investissement se prépare donc en amont. Il ne s'agit pas de se présenter à la banque la fleur au fusil, il faut que vous soyez crédible auprès de votre interlocuteur.

Vous allez peut-être sourire, mais à mes débuts je n'avais même pas connaissance de ma capacité d'endettement. La capacité d'endettement est de trente-trois pour cent, c'est-à-dire que pour un revenu de 1 500 euros par mois vous pourrez avoir des mensualités de 500 euros, ce qui équivaut à environ 100 000 euros sur vingt ans selon les taux actuels.

Une fois cette notion acquise vous avez une idée plus que précise de la somme que vous pouvez emprunter auprès des banques pour acquérir un bien immobilier.

Bien sûr, cette somme n'est pas gravée dans le marbre et vous allez pouvoir jouer sur votre capacité d'emprunt à travers différents facteurs.

Les deux premiers vont être la durée du prêt et vos revenus. En effet, augmenter la durée d'un remboursement va diminuer les mensualités de ce dernier et l'augmentation de vos revenus va permettre d'augmenter le montant de votre capacité d'endettement. Ainsi ces deux éléments vont jouer directement sur votre taux d'endettement.

Le calcul est donc assez facile à faire pour obtenir votre taux d'endettement actuel. Il faudra également prendre en compte au fur et à mesure de vos investissements vos futurs loyers et crédits octroyés dans le calcul de votre taux d'endettement.

Il faut savoir que les banques ne vont pas prendre l'intégralité de vos revenus fonciers dans le calcul de vos revenus. Ils vont soustraire trente pour cent de vos loyers pour intégrer les charges, ainsi que les périodes de vacations locatives.

Plus concrètement, pour un loyer de 500 euros vous allez donc soustraire 150 euros. Vos loyers perçus vont donc venir pondérer votre taux d'endettement en s'ajoutant à vos revenus.

Par exemple, un bien payé 50 000 euros aura des mensualités d'environ 260 euros sur vingt ans. La banque prendra en compte le loyer perçu de 500 euros à hauteur de 350 euros par mois qui s'ajoutera à votre revenu salarial de 1 500 euros.

Votre taux d'endettement sera donc de :

*(Mensualité du crédit / revenus salarial + loyers) * 100 = taux d'endettement.*

*(260euros / [1500 euros + 350 euros]) * 100 = 14 % d'endettement.*

Ce qui nous donne un taux d'endettement dans l'exemple de quatorze pour cent.

Ainsi au fil de vos investissements vous pourrez avec ce calcul connaître votre taux d'endettement en fonction de vos crédits et de vos loyers perçus.

Existe-t-il des moyens pour continuer à s'endetter malgré l'approche du taux des trente-trois pour cent ? La réponse est oui.

Comme je l'ai dit précédemment, la banque va vous prêter de l'argent en fonction d'un risque. Le but sera donc de diminuer ce risque.

Un des premiers moyens de continuer malgré l'approche du taux fatidique sera l'épargne. En effet, cette dernière peut vous permettre de continuer votre progression. Plus concrètement, si vous avez 100 000 euros d'épargne et que vous voulez acquérir un bien de 75 000 euros la banque sera plus encline à vous accorder le prêt. Car le risque sera pondéré par votre épargne, et par conséquent votre capacité à mettre un apport.

Mais tout le monde n'a pas la chance d'avoir autant d'argent de côté. Rassurez-vous vous allez pouvoir vous créer cette épargne grâce à l'arbitrage de votre nouveau patrimoine fraîchement constitué. Car si vous avez acheté sous le prix du marché et bien appliqué les différentes méthodes abordées dans cet ouvrage, vous serez en mesure de faire une plus-value immobilière à la revente.

Psychologiquement, il n'est pas simple de se séparer de ses acquisitions durement acquises, mais il est parfois nécessaire de reculer une pièce sur l'échiquier pour gagner la partie.

Cette somme va vous permettre de mettre de l'apport dans vos prochains investissements et par conséquent vous permettre d'accéder davantage à l'endettement. En théorie, 50 000 euros d'épargne peuvent vous permettre d'accéder à 500.000euros de crédits en respectant la règle des 10 % d'apport, ce qui n'est pas négligeable.

Vous allez également pouvoir utiliser l'épargne obtenue de la vente d'un bien pour en rembourser un second. En effet, le fait d'avoir des biens remboursés de tout crédit va être un gage de sérieux et de sécurité pour les banques.

Pour ma part, le fait d'avoir remboursé deux de mes biens immobiliers m'a coûté une partie de mon épargne durement gagnée. Mais en contrepartie, j'ai montré à la banque que j'étais capable de rembourser mes dettes auprès de ces derniers, de diminuer mon taux d'endettement, mais surtout d'avoir un patrimoine net de crédit pour pouvoir diminuer considérablement mon risque.

Apprendre à arbitrer votre patrimoine et ainsi réussir à rembourser vos prêts et vous constituer une épargne conséquente va donc jouer sur votre parcours immobilier.

Une autre variable va être le reste à vivre, qui n'est rien d'autre que la partie de vos revenus qui restera après paiement de vos crédits. Plus votre reste à vivre sera important plus la banque sera encline à dépasser le taux d'endettement.

Par exemple si je gagne un SMIC de 1 200 euros et que j'ai des mensualités de 400 euros, il me restera 800 euros pour vivre une fois mes trente-trois pour cent d'endettement atteints.

Maintenant si je gagne 5 000 euros par mois pour atteindre trente-trois pour cent d'endettement il faudra avoir 1 650 euros de mensualité de crédit. Il me restera alors 3 350 euros par mois ce qui est beaucoup plus confortable pour vivre et ce qui diminuera nettement le risque de la banque malgré le dépassement du taux des trente-trois pour cent.

Nous allons maintenant aborder ce que je nomme le clientélisme. Cela peut vous paraître paradoxal, mais il est important d'entretenir votre lien avec les banques en veillant à leurs profits.

Sachez que les banques ne gagnent plus vraiment d'argent sur vos intérêts d'emprunt au vu des taux actuels. Ces derniers vont donc se rattraper sur divers frais bancaires, comme les assurances des prêts, la domiciliation des salaires, les assurances habitation, les cartes bancaires payantes, ou encore des services annexes comme les forfaits téléphoniques, etc.

Il va donc falloir jouer le jeu et prendre des services payants. Ainsi vous serez un client qui rapporte de l'argent à la banque et cette dernière n'aura pas envie de vous voir partir et par conséquent de vous refuser un prêt.

Une fois ces mécanismes compris pour capter l'attention des banques, quels points allez-vous pouvoir négocier concernant votre demande de prêt ?

Il y a plusieurs points que vous pourrez négocier, comme le taux du prêt, les frais de constitution de dossier, les assurances de prêt, l'apport de départ, la prise en charge des travaux dans votre prêt, le différé de prêt, les frais de remboursement anticipé du prêt, le transfert de prêt.

Ces points peuvent jouer sur vos bénéfices, mais il ne faut pas pour autant refuser un financement si vous n'avez pas optimisé à cent pour cent votre prêt immobilier. Il sera facile de négocier ces différents points si votre risque est faible, mais lorsque vous allez continuer à progresser votre risque augmentera et la banque cherchera à se sécuriser. Il ne sera donc pas forcément possible d'obtenir satisfaction sur tous ces points.

J'ai parfois réussi à optimiser mes projets au maximum. Cependant j'ai dû quelquefois me faire à l'idée que je ne pouvais pas éviter certains frais, comme l'apport ou le fait de payer les travaux avec mon épargne, sans pouvoir les inclure dans mon crédit. Il faut de temps en temps accepter de rentrer dans « les standards » de la banque pour pouvoir avancer plus vite. En effet, avoir des demandes qui sortent des attentes de la banque va ajouter des freins à l'obtention de votre prêt. N'ayez donc pas d'idées trop fermées sur vos critères, concernant les clauses du prêt par risque de ne pas obtenir votre financement.

Dans la même idée, les investisseurs ont pour habitude de demander des financements les plus longs possible, car cela entraîne une baisse des mensualités. Mais là encore, il m'est arrivé de faire des crédits sur quinze ans.

Selon votre situation, il faut une nouvelle fois garder l'esprit ouvert et ne pas se fermer des portes. Ce qui reste essentiel à mes yeux c'est d'obtenir le financement et donc de s'enrichir par la dette.

Apprendre à vous présenter au banquier et présenter votre dossier.

On ne se présente pas devant son banquier comme devant n'importe qui. Le banquier est la personne qui vous permettra de vous enrichir par la dette grâce à une petite signature ou presque, il faudra donc lui montrer du respect et avoir une tenue vestimentaire correcte.

Savoir constituer un dossier bancaire montrera également votre sérieux. Les pièces à fournir sont rapidement disponibles après quelques recherches. Je vais d'ailleurs vous épargner une liste exhaustive et ennuyeuse.

Néanmoins, votre dossier de demande de prêt doit se démarquer des autres par sa clarté, et sa simplicité. Évitez-lui, par exemple, de longs moments à la photocopieuse en ayant un exemplaire à lui remettre.

Ce qui va donc vous démarquer, c'est la forme de votre dossier, je vous suggère donc d'expliquer sur une feuille votre situation de manière claire et synthétique :

votre taux d'endettement actuel, vos revenus, votre épargne, votre projet immobilier avec sa localisation et la rentabilité de votre investissement visé.

N'oubliez pas de joindre à la suite de cette fiche récapitulative les documents justifiants de ces éléments. À cela, vous pourrez ajouter une attestation d'un notaire ou d'une agence immobilière sur la valeur locative du bien que vous allez acquérir.

Puis, vous pouvez également joindre une attestation d'un organisme d'assurance avec garantie loyer impayé, garantie de la carence locative, ainsi qu'une garantie pour le remboursement des dégradations locatives. Cela va rassurer votre banquier, car le risque sera diminué à son maximum.

Il est également important, si vous avez des travaux à réaliser, de joindre des devis pour intégrer ces derniers à votre financement.

Un document est essentiel à votre demande de prêt, cela peut paraître évident, mais il s'agit du compromis de vente. Beaucoup de personnes font l'erreur d'aller voir leur banquier avant même d'avoir ce document en leur possession. Il ne s'agit pas de voir le banquier pour être rassuré, il faut montrer à ce dernier que vous maîtrisez votre sujet et que vous vous adressez à lui en toute connaissance de cause.

Ainsi à travers ce dossier clair et précis vous montrerez le sérieux de votre démarche et allez rassurer le banquier.

Enfin, les types de prêts immobiliers bancaires dans l'investissement immobilier vont être : les prêts amortissables et les prêts in fine. Dans la grande majorité des cas, vous utiliserez le prêt amortissable qui est le plus commun en France.

Il faut avoir à l'esprit qu'il existe également le prêt in fine qui est utilisé par les investisseurs immobiliers qui disposent d'une épargne et qui ont une forte imposition.

Pendant la durée du prêt in fine, l'emprunteur remboursera uniquement les intérêts d'emprunt. Le remboursement du capital se fera lors du paiement de la dernière mensualité. En contrepartie le bien sera hypothéqué, et une assurance vie sera nantie et devra être abondée par une partie de vos loyers tous les mois afin d'arriver à la date de fin du prêt In Fine au montant total prêté.

L'avantage du prêt in fine sera fiscal. Les intérêts d'emprunt sont plus élevés et constants sur toute la durée du prêt. Ils viendront donc réduire la somme à déclarer aux impôts sur le revenu, et de ce fait l'imposition sur les loyers et cela sur toute la durée du prêt. En revanche, il y a une contrepartie le coût du prêt sera plus important.

Pour résumer ce qu'il faut retenir, c'est que le crédit immobilier repose sur un critère : celui du risque. Les banques ne vous prêteront de l'argent que si votre risque est faible. Le secret pour faire banquer les banques sera donc de diminuer votre risque tout au long de votre parcours d'investisseur immobilier. Ainsi les banques vous accorderont leur confiance et vous accéderez de ce fait à l'enrichissement.

Inscrivez les différents points bancaires à améliorer sur vos comptes, votre capacité d'emprunt.

CHAPITRE 10

Démystifier l'impôt : ne pas faire de l'impôt un frein, mais un moteur

Avant de chercher à optimiser votre imposition, il faut en comprendre les principes de base. Même si cela peut paraître évident pour certains. J'ai déjà eu affaire à des incompréhensions sur son mécanisme à de nombreuses reprises. De plus, je ne compte même plus le nombre de fois où j'entends des phrases du type « si j'augmente mes revenus, je vais augmenter de tranche d'imposition et perdre de l'argent ».

Je vais donc commencer par vous présenter le tableau des tranches d'imposition sur vos salaires perçus en 2020 puis vous expliquer son fonctionnement.

Montant des revenus annuels	Tranche marginale d'imposition
Jusqu'à 10 064 €	0 %
De 10 065 € à 25 659 €	11 %
De 25 660 € à 73 369 €	30 %
De 73 370 € à 157 806 €	41 %
Plus de 157 807 €	45 %

Ce tableau est assez parlant et je veux simplement qu'il soit clairement compris avant d'aller plus loin, afin de vous permettre de comprendre l'impact de votre future augmentation de revenus sur votre imposition.

Une personne qui obtient une prime qui entraîne un changement de tranche d'imposition n'aura une augmentation du taux de prélèvement que sur la somme correspondant à cette tranche et non sur l'ensemble de ses revenus. Cela aura bien sûr un impact sur le taux moyen affiché sur sa fiche d'impôt.

Plus concrètement, une personne percevant un revenu salarial de 2 083 euros par mois percevra donc 25 000 euros par an, mais n'aura pas la totalité de ses 25 000 euros imposée à 11 %.

Il y aura 10 064 euros non imposés et les 14 935 euros restant imposés à 11 %.

Son impôt sur le revenu sera donc de (14.935 x 11)/100 = 1 642,85 euros, ce qui nous fait un taux d'imposition moyen sur ses revenus de 6,6 % avec des mensualités de 137 euros par mois, sans prendre en compte les prélèvements sociaux.

Maintenant si cette personne effectue un investissement immobilier et augmente ses revenus à 30 000 euros par mois. De nouveau il ne paiera pas d'impôt sur les premiers 10 064 euros, puis paiera 11 % sur 15 594 euros et enfin 30 % sur 4 340 euros. Le taux d'imposition restera identique pour les premières tranches de revenus et augmentera seulement pour la partie des revenus supérieurs à 25 660 €. Le taux moyen de l'ensemble des tranches d'imposition sera donc à 10 % avec un impôt mensuel à payer de 251 euros par mois, sans prendre en compte les prélèvements sociaux.

Ce calcul ne prend pas en compte les éventuels avantages fiscaux selon le type d'investissement immobilier, mais a pour but de faire comprendre le mécanisme des tranches d'imposition.

Il faudra également ajouter les prélèvements sociaux qui sont tirés de deux types de revenus : les revenus d'activité et les revenus de patrimoine, de placement.

Le taux global des prélèvements sociaux s'élève aujourd'hui à 17,2 % (CSG de 9,2 %, CRDS de 0,5 % et prélèvement de solidarité de 7,5 %).

Différents modes d'imposition : l'imposition au nom propre

Pour déclarer vos revenus locatifs en nom propre vous aurez le choix entre deux grandes catégories : la **location nue** ou **la location meublée.**

Nous allons commencer avec les loyers en location nue qui comporte elle-même deux catégories : le micro foncier ou le réel.

1) Le micro foncier :

Le micro foncier a un abattement de 30 % avant imposition, ce régime permet donc de gérer facilement l'imposition de votre patrimoine. Mais attention vos revenus locatifs sous le régime du micro foncier devront rester inférieurs à 15 000 euros par an. Si vous voulez donc continuer à avancer dans l'immobilier, il vous faudra passer à un autre mode d'imposition.

Par exemple pour un loyer annuel de 10 000 euros le calcul sera :

10 000(30/100) =3000*

10.000-3.000= 7 000 euros seront donc imposables.

Votre impôt dépendra donc de votre taux d'imposition par exemple pour 11 % le calcul sera :

7 000(11/100) = 770euros*

Auquel s'ajoutent les prélèvements sociaux de 17,2 % :

7 000(17,2/100) = 1.204euros*

Dans cet exemple au régime micro foncier pour 10.000euros de revenus locatif l'imposition sera donc de 1 974 euros par an.

2) La location nue au régime réel :

Si vous choisissez ce régime vous n'aurez pas d'abattement forfaitaire mais une déduction des charges réelles : taxes foncières, travaux, intérêts d'emprunt, assurances, frais de gestion, etc.

Une fois les calculs effectués vous serez soit en bénéfice ou en déficit, si vous êtes en bénéfice le montant devra être imposé selon votre taux d'imposition. Si vous êtes en déficit foncier ce dernier est imputable sur votre revenu global à hauteur de 10 700 euros par an, le surplus sera reporté sur les dix années suivantes.

Par exemple, une personne ayant 20 000 euros de revenu salarial, puis 10 000 euros de revenus locatifs avec un déficit foncier de 20 700 euros. Une fois déduction faite du revenu foncier (10.000-20.700=10 700)

Ce dernier pourra venir déduire les 10 700 euros restant sur son revenu salarial. Comme dit précédemment son salaire est d'un montant annuel de 20.000 euros, le calcul est donc : 20 000 - 10.700 = 9 300 euros. Il fera de ce fait, partie de la tranche non imposable inférieure à 10 064 euros de revenus par an et par conséquent ne paiera pas d'impôt ni sur ses revenus fonciers, ni sur ses revenus salariaux.

Vous pouvez cumuler les déficits fonciers de plusieurs logements et faire baisser l'ensemble de vos revenus imposables si l'un de vos biens fait l'objet de gros travaux. Néanmoins, il faut prendre en compte que le régime réel foncier entraîne un engagement sur trois ans.

Vient ensuite la fiscalité des logements meublés qui dépend du régime d'imposition des bénéfices industriels et commerciaux (BIC). Il a également deux manières de procéder le micro-Bic et le régime réel.

3) Le micro-BIC :

Ce régime a subi un changement au 1er janvier 2020 durcissant ses conditions d'accès. Il s'applique désormais lorsque vous louez un logement meublé, que les revenus n'excèdent pas 23 000 euros de recette par an et dont les recettes de l'activité de location représentent moins de la moitié du revenu global du foyer fiscal. Dans le micro-Bic, aucune charge ne sera déductible et un abattement forfaitaire de 50 % est appliqué pour le calcul du revenu net imposable.

Exemple pour 10 000 euros de recette, il y aura 50 % d'abattement et donc une imposition sur 5 000 euros. Ce qui donnera lieu à 550 euros d'imposition sur la base d'une imposition à 11 %.

Avec 860 euros de prélèvements sociaux, avec un taux de 17,2 %.

Donc un total de 1 410 euros.

Attention, les loueurs de meublés devront s'acquitter d'une taxe supplémentaire qui est la CFE, contribution foncière des entreprises.

4) Le BIC au régime réel :

Il s'agit à peu près du même principe que le réel foncier avec également des charges déductibles : taxes foncières, intérêts d'emprunts, travaux, etc. Mais une notion s'ajoutera, celle de l'amortissement du bien qui correspond à la perte de la valeur d'un bien. Tous les ans, le bien loué s'use et cela est répercuté comme une charge sur le revenu imposable et cela permet ainsi de réduire l'imposition.

Mais attention le régime BIC réel engendre des obligations administratives importantes avec la nécessité de l'intervention d'un expert-comptable.

Les loueurs de meublés sous le régime du BIC réel comme ceux du régime du micro-BIC doivent également s'acquitter d'une charge supplémentaire qui est la CFE.

Pour conclure, les avantages, des régimes dits « micro » seront la simplicité de gestion avec une déduction forfaitaire, mais en contrepartie vous serez rapidement bloqué au niveau des plafonds de revenus.

De plus les fortes charges notamment à travers les travaux réalisés vont vous orienter vers un régime réel qui sera plus intéressant fiscalement car déductibles des impôts. Cependant, les logements meublés au régime BIC réel nécessiteront l'intervention d'un comptable notamment pour prendre en compte l'amortissement du bien.

In fine, selon moi, le régime foncier réel (donc location d'appartement et non de meublé) est à privilégier car il cumule les avantages de la déduction fiscale (intérêts d'emprunts, travaux, impôts fonciers, assurances), d'une déclaration à l'administration fiscale assez simple et de l'absence de la taxe supplémentaire qui est la CFE.

Il ne faut pas ignorer également que le choix de se lancer dans la location de meublés comporte d'autres inconvénients, à savoir :

- l'ameublement des logements. L'ameublement d'un logement peut être indolore, mais quand vous allez augmenter le nombre de vos logements ce coût peut devenir non négligeable.
- le délai de préavis. Je vais également vous faire part d'une de mes observations tirée de mon expérience. Le délai de préavis pour libérer un logement entre la location meublée et la location nue n'est pas la même. Elle est d'un mois pour les meublés et de trois mois pour la location nue. Dans le cadre de logements étudiants, cela n'est pas rare que l'on vous demande de libérer le logement en période creuse et de devoir attendre plusieurs mois selon la demande locative pour le relouer. Ainsi, avoir trois mois de préavis peut vous permettre d'éviter plusieurs mois de vacation locative et jouer sur votre recette annuelle.

Différents modes d'imposition : avoir une vue d'ensemble sur l'imposition des sociétés

La question que vous vous posez sûrement, est-il judicieux de créer une société ? Il n'y a hélas pas de réponse toute faite et cela dépendra de votre situation.

Vous devez dans un premier temps comprendre l'imposition d'une société afin de voir si dans votre situation et selon vos projets il sera plus intéressant de dépendre d'une imposition sur les sociétés ou d'une imposition sur les revenus en nom propre.

L'impôt des sociétés est fixe, ci-dessous le tableau des différents montants de l'imposition :

Montant des revenus de la société	Taux de calcul de l'impôt sur les sociétés (IS)
Jusqu'à 38.120euros	15 %
Au-dessus de 38.120 euros	28 % (en 2020) 26,5 % (en 2021) 25 % (en 2022)

Comme vous pouvez le voir, une société avec des revenus inférieurs à 38 000 euros a un taux d'imposition très avantageux. Mais il faut prendre en compte qu'une fois l'impôt payé par la société, vous ne pourrez pas jouir de cet argent avant de payer à votre tour un impôt sur les dividendes qui dépendra de votre taux d'imposition, on parle alors de double imposition.

Ce dividende peut bénéficier soit d'un abattement de 40 % de la somme totale. Je vous donne un exemple. Si je retire 10 000 euros de dividende je serai imposé sur la somme de 6 000 euros selon mon taux d'imposition sur le revenu, sans oublier d'ajouter les prélèvements sociaux de 17,2 %.

Soit par application de la flat taxe aussi appelée prélèvement forfaitaire unique instaurée en 2018 et permettant l'imposition globale des dividendes à hauteur de 30 % en intégrant les prélèvements sociaux (12,8 % impôt + 17.2 % prélèvements sociaux).

Cependant, l'avantage émanant des sociétés va être de pouvoir échapper à la prise de dividendes et donc son imposition en faisant circuler l'argent entre plusieurs sociétés via des holdings et ainsi de réinvestir l'argent gagné à moindre coût.

Il existe plusieurs types de sociétés « pour faire de l'immobilier », mais la plus répandue dans l'investissement immobilier reste la Société Civile Immobilière dite « SCI ».

Avant de vous expliquer le fonctionnement de l'imposition d'une SCI, je vais vous donner deux exemples avantageux pour l'utilisation de cette société dans l'investissement. Le premier est l'achat avec des associés. En effet, acheter des biens immobiliers avec une société de type SCI vous permettra d'éviter des conflits dans la gestion de cette dernière, les règles étant clairement définies lors de la création de celle-ci avec des statuts et clauses. Contrairement à l'achat en indivision qui, par exemple, peut vous contraindre à la vente d'un bien que vous désirez conserver si l'un de vos associés veut s'en séparer.

Le deuxième avantage sera de préparer votre succession. La création d'une société type SCI peut vous permettre d'intégrer vos successeurs dans cette dernière via les parts de SCI et donc leur transmettre votre patrimoine.

Je vais donc maintenant de manière synthétique vous expliquer son mode d'imposition. La SCI va comporter deux modes d'impositions : celui sur les revenus dits à l'IR donc « transparente » ou celui sur les sociétés dites à l'IS, « opaque ».

Si vous achetez des logements nus, ils seront soumis au régime foncier et vous devrez donc avoir une SCI à l'impôt sur le revenu, il s'agira d'une société dite « transparente ».

On la dit transparente, car l'impôt est payé par les associés au titre de l'impôt sur le revenu. Cette dernière pourra comme en nom propre être sous le régime micro foncier ou le régime réel avec les mêmes conditions d'accès et avantages.

L'imposition sur le revenu pour la SCI aura donc comme intérêt de permettre l'achat à plusieurs avec un cadre, un impôt sur la plus-value avantageux en cas de détention longue, un déficit imputable sur le revenu global.

Si votre logement est meublé, vous n'aurez pas accès au micro-BIC et devrez être au régime réel sous l'impôt sur les sociétés « IS ». Toutefois, il est possible de rester à l'impôt sur le revenu si les logements meublés ne dépassent pas la location nue dans la limite de 10 %. Le principal avantage de cette fiscalité dite « opaque » est tout simplement le fait que la fiscalité de votre SCI est totalement indépendante de votre fiscalité personnelle. Ainsi vous n'avez plus à vous soucier de l'impact de votre investissement immobilier sur votre imposition, votre imposition sera stable dans le temps.

La SCI à l'IS s'adressera donc aux investisseurs avec une vision à plus grande échelle qui pourront réduire leur imposition en ne retirant pas de dividende et en faisant circuler l'argent dans des holdings. Cela permet ainsi d'augmenter l'efficience de leur investissement. En conséquence, l'imposition totale restera faible et échappera aux prélèvements sociaux.

Pour échapper à l'imposition des dividendes cela implique en contrepartie de ne pas avoir besoin de revenus fonciers pour vivre.

Le principal point noir reste l'imposition des plus-values sous le régime professionnel, ne permettant pas de bénéficier de l'abattement pour durée de détention.

Ainsi vous avez tous les éléments pour comprendre l'imposition des revenus issus de l'immobilier. Il ne s'agit pas pour autant de vouloir sauter les étapes et de se mettre des freins. Je vous recommande de démarrer en toute simplicité et progressivement de faire évoluer la gestion de votre imposition en même temps que l'évolution de votre patrimoine.

Pour clore ce chapitre sur l'imposition, je vais vous transmettre ma philosophie. Selon moi, l'une des clés du succès réside dans la capacité d'un individu à passer à l'action. Je ne savais quasi rien sur la fiscalité à mes débuts. J'ai pu certes perdre de l'argent, mais j'ai réalisé quelque chose qui est primordial pour atteindre mes objectifs : « agir ». N'oubliez donc pas que le fait de jouer sur votre imposition restera une optimisation de votre investissement, mais vigilance, cela ne transformera jamais un mauvais investissement en pépites.

Schéma des différents modes d'imposition en nom propre :

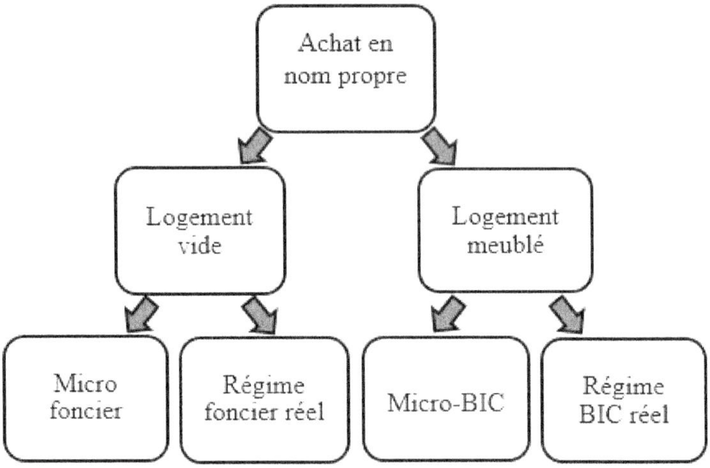

Schéma des différents modes d'imposition en SCI :

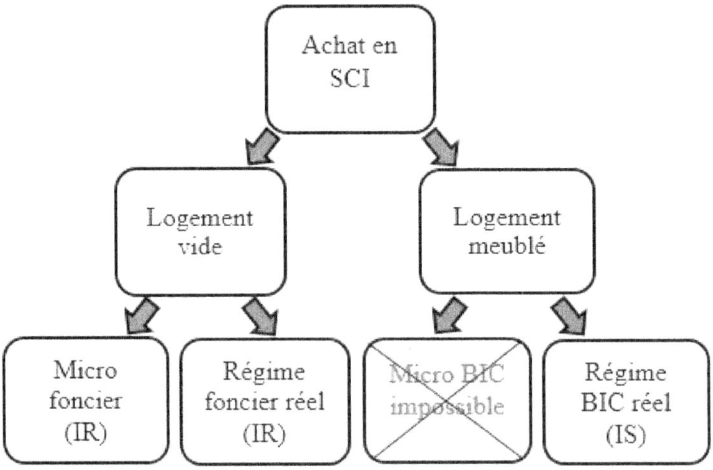

Notez votre pourcentage d'imposition actuel, choisissez votre mode d'imposition et l'imposition qui découlera de vos investissements.

CHAPITRE 11

Pourquoi se créer sa propre retraite

Ah, nous voilà enfin sur l'objectif visé, la retraite anticipée ! La liberté ! Je ferme les yeux et je sens le sable fin qui file entre mes doigts, le coucher de soleil qui chauffe le flanc de mon visage avec pour fond sonore les vagues qui viennent empoigner le rivage.

Pour moi la retraite est synonyme d'un nouveau départ, du commencement d'une vie pour soi. Terminé d'entendre le réveil strident qui annihile mon esprit, terminé d'encaisser les diktats de ma hiérarchie, enfin libre d'apprécier la vie et de profiter du temps précieux qu'elle nous offre.

Je ne pense pas que vous vouliez profiter de votre retraite à un âge où vous n'aurez plus la force de voyager, de vous déplacer sans difficulté et de dépendre des autres. À quoi bon avoir travaillé toute une vie, si cela revient à finir ses dernières années entre quatre murs ?

J'espère à travers ce livre vous faire prendre conscience que dépendre des régimes des retraites pour pouvoir à un moment de votre vie avoir le droit de cesser de travailler devient un pari très aléatoire. En effet, la date de droit de perception de cette retraite devient incertaine, je dirai même plus, elle s'annonce à la fois de plus en plus tardive et frugale (la somme versée lors de la retraite est revue pour faire court à la baisse).

Dans le contexte qui est le nôtre depuis maintenant de nombreuses années, nous allons de réformes en réformes. Si nous pouvons avoir une certitude, c'est qu'il ne faut pas considérer nos retraites comme acquises. Elles subissent une dévaluation récurrente depuis maintenant plus de trente ans avec l'allongement de la durée de cotisation comme fer de lance.

Mais quelle est l'origine de cette polémique concernant nos retraites ? Cela tient en deux mots le « papy-boom ». En effet à la suite des naissances importantes suivant l'après-guerre et cela conjugué à l'augmentation de l'espérance de vie, nous allons vers une période où il y a moins d'actifs et plus de retraités.

Cela entraîne des changements sur l'économie avec une augmentation des dépenses dans le secteur de la santé et des difficultés dans le financement de nos retraites.

Nous atteindrons vingt millions de personnes de plus de soixante ans en 2030, ce qui s'accentuera jusqu'en 2050 avec un tiers de notre population, soit vingt-trois millions de personnes. Ce qui nous donne comme résultat 1,2 actif pour 1 retraité en 2050 contre 4 pour 1 en 1960.

La France, comme l'ensemble de l'Europe, vise donc à augmenter l'âge de départ à la retraite pour faire face à cette situation.

Il faut prendre en considération que la durée de cotisation pour prendre sa retraite du point de vue européen subit un allongement dans son ensemble. Nos pays voisins qui ont pour objectif un âge de départ à la retraite fixé pour 2030 à soixante-sept ans, sont l'Allemagne, la Belgique, l'Espagne, l'Italie, le Royaume-Uni.

Pensez-vous un seul instant que, dans ce contexte, vous allez conserver votre retraite à l'âge de soixante-deux ans ?

Personnellement, je ne préfère pas m'y risquer ! Troquer les activités nautiques, les randonnées, la découverte de nouveaux paysages contre une canne pour me déplacer, une télévision en guise de voyage et une maigre retraite pour financer mon placement dans un établissement, qui porte bien son nom de « maison de retraite », je ne suis pas très emballé !

Selon votre âge actuel, il y a de fortes chances pour que vos retraites tombent dans cette période, cela correspondra alors à l'un des moments les plus difficiles pour assurer leur financement. De ce fait, et selon ma propre opinion, il y a une très faible probabilité pour que vous puissiez cesser de travailler avant l'âge de soixante-sept ans.

Il y a un scénario encore plus défavorable, celui de ne plus pouvoir arrêter de travailler ! En effet, il se peut que le deuxième levier d'action de l'état pour éviter l'effondrement du financement des retraites se traduise par une baisse des pensions, avec pour conséquence une population obligée de continuer à travailler pour subvenir à ses besoins compte tenu de l'insuffisance des montants de leur retraite.

Finalement, nous pouvons peut-être oublier les reportages de voyage pour cette retraite et rebrancher le réveil pour essayer de joindre les deux bouts !

Car, ce changement est déjà en cours selon moi, avec comme premier point, l'augmentation des durées de cotisations pour avoir une retraite dite à « taux plein ». Entraînant des retraites plus faibles pour les personnes n'ayant pas effectué la durée totale de cotisation.

Nous avons ensuite le projet d'augmentation de la durée de « carrière de référence », qui est la durée de carrière sur laquelle se base l'état pour calculer le montant de vos retraites. Ce qui jouera bien sûr à la baisse sur vos retraites, étant donné que vos salaires de début de carrière seront pris en compte et de ce fait feront baisser le salaire moyen de référence.

Enfin autre moyen de jouer à la baisse sur les retraites, le changement de « l'indexation de vos retraites », qui est le point de référence sur l'évolution de l'indice de vos retraites dans le temps.

Autant d'éléments qui me portent à croire que la retraite n'aura plus la même signification dans les décennies à venir. Actuellement, elle est définie comme le fait de se retirer de la vie active, j'ai de sérieux doutes concernant une telle possibilité dans le futur.

En effet, l'indexation de vos retraites est actuellement basée sur l'inflation, mais le gouvernement peut changer à tout moment l'indexation de l'évolution et la baser sur d'autres références qui auront pour but de pondérer la montée des retraites.

De plus, les retraites ne suivent déjà pas réellement l'inflation. Le premier élément qui me fait dire cela est le vote du parlement pour une augmentation des retraites largement inférieure à l'inflation en 2019 avec +0,3 % des pensions contre +1,1 % d'inflation constatée et le gouvernement compte faire la même chose en 2020 et 2021. L'objectif? Réaliser des économies avec la sous-indexation. Si l'on prend plus de recul, nous avons un taux de revalorisation des pensions retraites qui est malmené depuis 2014 et cela va en s'accentuant avec les années cf. tableau.

Date d'effet de la revalorisation des pensions retraite	Taux de revalorisation	Inflation par année (INSEE)
01.04.2014	+ 0 %	+ 0,5 %
01.10.2015	+ 0,10 %	+ 0 %
01.01.2016	+ 0 %	+ 0,2 %
01.10.2017	+ 0,80 %	+ 1 %
01.01.2018	+ 0 %	+ 1,8 %
01.01.2019	+ 0,30 %	+ 1,1 %
01.01.2020	+ 1 % si pension inf. 2000 bruts + 0,3 % sup à 2 000	+ 1,5 % (mois de janvier)

Source « retraitesdeletat.gouv.fr »

Le tableau montre clairement que l'évolution des pensions retraite ne suit plus l'inflation au fil des années avec un écart cumulé de 4,6 % sur 7 ans, je vous laisse donc imaginer l'écart qui se créera d'ici 2050.

N'oublions donc pas la capacité de l'état à jouer sur l'évolution des retraites avec le gel de l'indexation ou encore l'imposition et la création de taxes comme nous l'avons déjà vécu à de nombreuses reprises.

La vraie question est, êtes-vous prêts à prendre le risque de ne plus pouvoir vivre décemment lors de votre départ en retraite après une vie de sacrifice, de dévouement auprès de votre entreprise ?

En effet, nous avons vu que l'évolution des retraites ne suit pas réellement l'inflation, mais si en plus l'indexation de vos retraites était basée sur un indice biaisé…

Que nomme-t-on l'inflation ? C'est la perte du pouvoir d'achat de la monnaie qui se traduit par une augmentation générale et durable des prix, cette dernière est mesurée en France par l'indice des prix à la Consommation « l'IPC ».

Ce qui me laisse totalement perplexe, c'est que cet indice est composé d'un panier de biens et services totalement inconnu ! Avez-vous déjà vu des études, des recherches basées sur des données inconnues ? De plus, l'indice ne prend pas en compte la baisse de qualité des biens ou encore d'autres pratiques comme le « downsizing » qui consiste à diminuer la quantité de produits dans le packaging habituel, ce qui impacte pourtant directement le pouvoir d'achat…

Je décide de poursuivre ma recherche sur « l'IPC » et sa répartition. À ma grande surprise, je découvre que l'alimentation n'est prise en compte qu'à hauteur de 15 %. Vient ensuite le logement, l'eau, le gaz et l'électricité pour 14 %. De mon point de vue, cela n'est pas du tout représentatif des dépenses des foyers français.

Nous avons donc un calcul de l'IPC assez nébuleux, qui sert lui-même au calcul de l'inflation, duquel en découle l'évolution des retraites !

Ainsi, à partir de ces constats, j'en conclus que les retraites ne suivent pas l'évolution du coût de la vie. Elles s'altèrent dans le temps.

Néanmoins, sans vouloir être « l'avocat du diable », il faut bien comprendre que l'état a de lourdes responsabilités et qu'il n'est pas simple de gérer les caisses de retraite et l'économie d'une nation. Ces derniers doivent donc prendre des décisions tout en ménageant l'opinion publique et, pour cela, ils doivent parfois masquer une réalité qui peut être effrayante ou synonyme d'un climat social délétère.

Je n'ai donc guère de doute quant à l'évolution possible de la situation concernant les retraites. J'espère vous avoir sensibilisé, aidé à prendre du recul pour pouvoir anticiper et vous préparer au mieux dans les années à venir. En effet, si nos parents et grands-parents ont pu profiter d'un contexte économique favorable avec une période de pleine croissance, il n'en est rien pour nous et les générations à venir.

J'avais pour idéal la vie de mes grands-parents qui ont travaillé dur et qui ont pu profiter d'une retraite avant soixante ans. Pouvant ainsi bénéficier de leur temps libre pour s'adonner à leurs passions, à leur famille, faisant ainsi mon plus grand bonheur.

Hélas, ce contexte, comme vous l'avez deviné, a été complètement bouleversé ! Toutefois, la situation à venir n'est pas une fatalité, elle peut être anticipée. Je vous invite donc, vous aussi à fermer les yeux et penser à l'endroit où vous voulez être dans les prochaines années, une plage paradisiaque, une résidence secondaire auprès de votre famille, ou encore vous consacrer pleinement à votre passion !

A quel moment êtes-vous censés prendre votre retraite ?

....
....
....
....
....
....
....
....
....
....
....
....
....
....
....
....
....
....
....
....
....
....
....
....
....
....
....
....
....
....

CHAPITRE 12

L'immobilier et la crise du coronavirus

Nous avons tous tendance à nous croire à l'abri des crises, pensant naïvement que nous avons plusieurs décennies devant nous avant qu'elles ne frappent de nouveau. Je l'admets, je n'ai jamais réellement étudié le sujet avant d'y être confronté !

Il faut savoir que les crises économiques peuvent avoir de nombreuses causes. Nous pouvons regrouper ensemble celles d'ordre financier qui englobent les crises bancaires, boursières, ou celles liées à la politique économique d'un état. Puis, nous avons ensuite les crises provoquées par des conflits sociaux ou politiques. Et enfin une dernière catégorie d'ordre sanitaire liée aux maladies ou aux événements météorologiques. Ce ne sont donc pas les arguments qui manquent et vous aurez, hélas, l'occasion de traverser de nombreuses crises dans votre parcours d'investisseur.

J'ai moi-même été impacté par la dernière crise en date, qui était d'ordre sanitaire : la crise du « coronavirus » ! Personne ne pouvait prévoir une telle crise, cette pandémie a frappé de manière aussi soudaine que violente le monde entier.

Je pense que nombreux sont ceux qui ayant vécu cette crise retiendront toute leur vie la principale mesure qui a été appliquée pour faire face à la propagation de cette maladie, le confinement ! Qui aurait pu croire un jour devoir rester chez lui, avoir l'interdiction de mettre un pied dehors. Ce scénario relevait jusqu'alors, des meilleurs films de science-fiction.

Mais, cela était bien réel. À la suite des différentes annonces en cascade des mesures prises par l'état, mon téléphone a rapidement commencé à sonner avec au bout de la ligne mes locataires. « Bonjour, ma formation est annulée, je ne prendrai finalement pas le logement pour le mois prochain », « Mon année scolaire se termine avec la fermeture de mon université, je vous ai envoyé mon préavis pour rendre le logement », « Bonjour, Mr Lalouette, notre commerce étant fermé afin de suivre les directives du gouvernement, est-il possible de différer nos loyers, de les diminuer ? ».

Je pense que personne n'aurait pu imaginer une telle crise, et comme dans toutes crises, il y a eu des perdants et des gagnants. Si vous construisez votre patrimoine, il faudra anticiper un maximum ce type d'événements, cela évitera un passage par la case « faillite ».

Comment ai-je fait face à cela vu l'ampleur et les conséquences qui s'en sont suivies ?

Je pense qu'il est important de partager avec vous les difficultés que j'ai rencontrées pendant cette crise et avec recul, de vous donner les éléments qui m'ont permis de la traverser.

La principale difficulté a été de faire face à des libérations de logements sans possibilité de les relouer en retour. En effet, en plus de la demande locative qui était au plus bas, il était de surcroît totalement interdit d'effectuer des visites pour relouer ces biens.

Le secret pour traverser une crise est donc de pouvoir continuer à rembourser ses dettes, crédits malgré les manques à gagner. Il s'agit en l'occurrence de l'exemple parfait pour vous illustrer l'importance d'avoir un cash-flow positif !

Certains investisseurs n'ont pas fait attention à leur cash-flow dans leurs investissements immobiliers, ce qui les a mis en grand danger. En effet, qui dit cash-flow insuffisant, dit utilisation de son salaire pour combler les mensualités de remboursement de ses crédits immobiliers. Après tout, pourquoi pas me diriez-vous, mais vous vous exposez là à des difficultés financières lorsque la perception de vos revenus est mise à mal. En l'occurrence lors du confinement, il y a eu un impact immédiat sur les salaires avec l'application du dispositif « chômage partiel ». Un salaire diminué à 84 % de celui d'origine avec une perte moyenne de 216 euros par mois, auxquels s'ajoute l'absence de perception de primes.

Imaginez un instant ne plus percevoir certains de vos loyers, avec en plus une baisse significative de votre salaire, ainsi que des crédits immobiliers qui continuent à tomber chaque mois. Cela peut rapidement faire basculer la situation financière d'un investisseur et je profite donc de cet exemple concret pour vous marteler une fois de plus l'importance de générer des revenus, loyers supérieurs à vos mensualités de crédit.

Dans mon cas, même s'il est toujours déplaisant d'avoir des absences de perceptions de loyers, j'ai pu couvrir l'ensemble de mes mensualités de crédit, avec les loyers restants. Ces derniers générant des cash-flows positifs et une marge très confortable.

Un autre facteur a joué dans le passage de cette crise, l'épargne ! Sans épargne de côté, je n'aurais pas pu faire face à ces absences de loyers avec autant de quiétude. Le deuxième point sera donc de vous constituer au minima une année de paiement de vos mensualités de crédits en épargne sur vos comptes bancaires.

Ainsi, je n'ai pas eu à contacter ma banque pour moduler ou reporter mes mensualités de crédits. Ce qui m'a permis de ne pas avoir de frais supplémentaires et d'éviter de me discréditer auprès de ces derniers. Bien sûr si cela est nécessaire, il est préférable de reporter vos échéances plutôt que de vous mettre dans une situation périlleuse. Mais, ne comptez pas sur cela pour vous sauver d'une noyade, car le report des mensualités est limité dans le temps et il est le plus souvent dit « partiel » avec application d'un report uniquement sur le capital. Les intérêts d'emprunts et le paiement des assurances emprunteur restant dus. Il faut également prendre en compte que les premières années, après souscription de votre crédit il est souvent impossible de recourir au report des mensualités. Il n'est donc pas anodin de bien négocier cette clause lors de la souscription de votre emprunt, mais il ne s'agit là que d'un fusible supplémentaire.

Se construire un patrimoine anti-crise est un point essentiel pour passer sans encombre des périodes d'instabilité ! Il faut savoir que, dans tout investissement, il y a ce que l'on appelle des investissements à court terme, moyen terme et long terme.

Nous pouvons également appliquer ce principe dans l'immobilier avec une corrélation du risque. En effet les investissements court terme ont des bénéfices plus grands avec plus de risques et à l'opposé le long terme avec des bénéfices plus faibles, mais plus stables dans le temps.

Nous allons donc identifier les investissements immobiliers à travers ce classement :

- Court terme : Location à la nuit, type Airbnb.
- Moyen terme : Locations meublées comprenant les colocations, les logements étudiants, et les locaux commerciaux.
- Long terme : Location nue, la résidence principale du locataire.

Vous pouvez retrouver là votre gestion du risque selon le classement de vos investissements immobiliers allant du plus risqué pour le court terme au moins risqué avec l'investissement long terme.

Il est donc important de diversifier vos investissements et de ne pas voir uniquement le profit immédiat. Les investisseurs ayant seulement dans leur portefeuille immobilier de la location courte durée ont été les plus durement touchés avec une perte totale de revenus. Je ne dis pas qu'il n'est pas intéressant d'avoir des biens dans cette catégorie, mais il est dangereux de faire un All-In dans cette classe d'actif immobilier.

Dans ma situation, mon parc immobilier a été impacté dans la catégorie « moyen terme », au niveau de la location de logements étudiants et de locaux commerciaux. Mais grâce à mes investissements à long terme, avec des locataires présents depuis plusieurs

années, j'ai pu combler les manques à gagner sans avoir à ponctionner de l'argent sur mon épargne de sécurité.
Quel sera l'impact du coronavirus sur l'immobilier ?

L'économie mondiale a été mise à l'arrêt l'espace de quelques mois sans compter la probabilité importante de devoir faire face dans un avenir proche à de nouvelles vagues du coronavirus. C'est une première dans l'histoire et cela n'est pas sans conséquence, notamment pour l'immobilier.

Nous allons pouvoir observer principalement deux effets dus à cette crise. Le premier, une baisse des prix dans l'immobilier. Principalement à cause de la baisse de l'éligibilité au crédit bancaire et je vais vous justifier cela en plusieurs points :

- Une augmentation de la précarité chez les salariés, avec des recours aux contrats précaires (petits contrats horaires, CDD, chômage partiel),
- Des licenciements économiques et donc une augmentation du chômage,
- Un durcissement des conditions d'accès au crédit, pour éviter une augmentation des défauts de paiements chez les banques,
- Une augmentation de l'inflation et par conséquent des taux d'emprunts.

Parallèlement aux difficultés d'accès au crédit, vous pouvez ajouter une augmentation du nombre de biens sur le marché ! En effet, en période de crise les investisseurs en difficulté, les personnes licenciées ne pouvant plus rembourser leur crédit, vont chercher à vendre leurs biens.

Ce qui fait le prix de l'immobilier, c'est la loi de l'offre et de la demande. Vous l'aurez donc compris avec plus de vendeurs et moins d'acquéreurs en face cela va mécaniquement entraîner une baisse des prix.

Néanmoins, l'augmentation des taux d'inflation va avoir un effet positif pour l'immobilier locatif. Je m'explique, vous avez la possibilité de réviser vos loyers tous les ans avec l'indice de référence des loyers dits « IRL » qui est basé lui-même sur l'évolution de l'inflation. Dans ce contexte, vous aurez donc une augmentation de vos loyers perçus plus importante. Une deuxième raison qui va conduire à une augmentation des loyers est le surcroît du nombre de locataires. En effet, qui dit moins d'accès à l'acquisition d'un bien immobilier dit accroissement du recours à la location, car nous avons tous besoin d'un toit pour vivre !

Avec une baisse momentanée des prix de l'immobilier à venir et paradoxalement des loyers qui vont augmenter. Nous sommes donc là, dans un alignement parfait des planètes pour investir dans l'immobilier.

J'espère donc vous avoir convaincu et vous avoir aidé à développer votre esprit d'investisseur. Ainsi, vous pourrez rentrer dans le marché de l'immobilier dans les moments les plus opportuns et passer les crises économiques sans encombre.

Conclusion

À travers ce livre, je vous ai transmis une partie de mon histoire de vie, un combat de chaque instant pour sortir de ce que l'on nomme parfois la « rat race ».
Je suis passé du statut de petit employé à celui de rentier en quelques années seulement et il n'y a pas de sentiment plus apaisant que celui de se sentir libre financièrement.
Pour atteindre ce but, il vous faudra prendre en compte les trois piliers abordés dans ce livre : façonner votre état d'esprit, vous éduquer financièrement, et apprendre à vous construire un patrimoine immobilier.
Votre psychisme qui se construit au fil de votre vie avec pour premières fondations celles de votre enfance érige des protections, des croyances établies.
Il vous faudra donc identifier ces murs qui limitent votre vision afin de vous ouvrir au champ de tous les possibles.
Pour moi, la liberté financière est un vecteur de rêves synonyme de liberté, la liberté de mener la vie que l'on veut et il n'incombe qu'à vous d'entamer à votre tour cette belle aventure.
En utilisant les méthodes que j'ai appliquées, le processus que j'ai suivi et amélioré au fil de mon parcours. Nul doute, c'est la réussite qui vous attend !
Ainsi vous pourrez vous détacher de l'emprise qu'exerce l'argent sur nous. Celle qui nous pousse à donner de notre temps pour des choses qui n'ont pas de réelles valeurs à nos yeux.

Enfin, j'ose croire que nous nous verrons dans quelques années en train d'évoquer votre parcours à l'ombre d'un palmier quelque part sur une île paradisiaque. Car il n'y pas plus belle réussite pour moi, que celle d'avoir embarqué mes lecteurs dans ce merveilleux voyage qui est celui de la liberté financière.

Quel délai vous faudra-t-il pour mettre en place les premières actions (psychiques/physiques) afin d'atteindre votre objectif après cette lecture ? Quelles sont-elles ?

....
....
....
....
....
....
....
....
....
....
....
....
....
....
....
....
....
....
....
....
....
....
....
....
....
....
....

Printed by Amazon Italia Logistica S.r.l.
Torrazza Piemonte (TO), Italy

23269661R00110